서울대 교육학과 교수와

혁신과 공존 교육을
이야기하다

서울대학교 교육학과 혁신과 공존의 교육연구사업단 엮음
대표저자 **김동일**

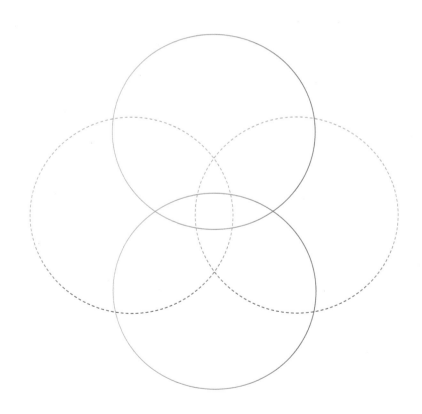

Thoughts & Ideas on Innovation
And Coexistence Education

서 문

2020년 BK21 교육학연구사업단을 준비하면서 서울대 교육학과 교수들은 머리를 맞대고 2030 교육에서의 주요한 방향이 무엇일지에 대해 논의했다. 20여 명 교수의 의견을 통일시키는 것은 쉽지 않았으나, 최종적으로 '혁신'과 '공존'이 다음 10년간 교육학뿐 아니라 사회 전반에 주요한 키워드가 될 것이라는 데 동의하였다. 개인은 불확실한 상황 속에 내던져진 행위자로 정의되고 있었으며, 시장주의 경제의 글로벌화로 교육 격차는 가속화될 것이라 예상하였다. 디지털 교육환경이 일상이 됨과 동시에 새로운 패러다임의 교육체제 구축을 바라보게 되었다.

현재 사회를 살펴보면 '혁신'과 '공존'의 교육학에 대한 질문과 응답에 대한 요구가 점차 거세지고 있음을 느끼고 있다. 생성형 인공지능의 발달로 혁신의 속도는 가속화되고 있지만, 팬데믹 이후의 교육 격차는 더 극심해졌다. 모순된 교육상황 속에서 우리들은 각자의 세부 영역에서 '혁신'과 '공존'을 위한 교육학 연구를 하루하루 실천하고 있다. 우리가 참여한 연구는 교육 문제를 진단하고, 전망하는 포괄적 이론적 틀을 제공하며, 교육 실천과 이론의 간극을 메우기도 하며, 실천 교육학과 과학적 교육학 간의 방법론적 연계를 모색하기도 하였다.

이 책은 '혁신'과 '공존'의 교육학 연구에 참여하는 교수들의 인터뷰를 통하여 학자로서 목소리를 모은 것이다. 혁신과 공존의 교육학에 대한 고찰과 경험을 기꺼이 나누어 주었으며, 인터뷰 내용은 연구자들에게 동력과 영감을 불어넣어 주었다. 그렇기에 현시대의 교육학에 새로운 동력을 불어 넣고자 책을 출판하게 되었다. 이 책을 통해 독자들이 학자로서의 삶과 교육학 연구를 통해 어떻게 '혁신'과 '공존'이 구현되고 있는지를 엿볼 수 있기를 바란다.

이 책이 출판되기까지 많은 이들의 수고가 있었다. 먼저 바쁜 중에도 진솔하게 참여해준 우리 연구단의 참여교수에게 진심으로 감사의 마음을 전한다. 인터뷰로 수고해 준 서울대 대학원생인 추영선, 김혜준과 책의 편집으로 수고해 준 김지인 박사, 김학중, 한성훈, 이채린 그리고 두 팔 벌려 환영해주고 어려운 출판작업을 진행해 준 박영스토리 편집진에게 감사의 마음을 전한다.

2025년 1월
서울대 교육학과
혁신과 공존의 교육연구사업단 참여교수를 대표하여
김동일 쓰다

차 례

서울대 교육학과 교수와 혁신과 공존 교육을 이야기하다

KIM DONG IL

서울대 교육학과 교육상담 교수 겸 특
수교육전공 주임교수, BK21 혁신과
공존의 교육연구사업단 단장이며, 교
육심리, 학습과 발달, 아동 청소년 상
담, 교육사각지대 분야의 강의와 연구
를 진행하고 있다.

김동일
교수

교육학과 삶,
다시 돌아 봄

1) 학자로서의 삶에 대하여

> 교수님께서 학자 혹은 연구자로서 자신의 직업에 대해 느끼는 매력
> 이 무엇이신가요?

　　　　　　　　대학에서 교육학을 공부하면서 교육
의 중요한 역할을 이해할 수 있었고, 세상을 교육으로 바라본다는 점
에서 매력을 느꼈습니다. 이런 점을 계속 유지할 수 있는 직업이 무엇
인지를 고민하게 되었고, 직업으로서의 교수를 선택하게 되었습니다.
그리고 교수를 하면서 교수라는 직업은 연구자로서의 역할까지 포함
되어 있는 것이라는 점을 알았습니다. 연구자는 교육의 눈으로 세상
을 바라보고 설명하고, 교육학이 한국 학문으로서 정착될 수 있도록
하는 등의 중요한 문제들을 다루게 됩니다. 그런 점에서 연구자로서의
삶은 직업으로서의 교수의 삶을 넘어서는 것이라고 봅니다. 이런 역할
을 수행하기 위해서는 세상을 현상 그대로 보지 않고(sight) 그 안의 핵
심을 파악할 수 있는 인사이트(insight)가 필요하며, 현상을 단순하게
보는 것(search)을 넘어서 이를 거듭 다시 바라보는 것(research)이 필요
합니다. Insight와 research라는 이 두 가지가 교수라는 직업의 겉으
로 볼 때는 보이지 않는, 연구자로서의 역량이자 역할이라 할 수 있습
니다. 이런 매력이 제가 계속 이 길을 가도록 만드는 것 같습니다.

> 대학원 과정에서 교수님께서 공유하고 싶은 경험이 있으신가요?

　　　　　　　　어떤 일의 의미를 생각할 때 why,
who, what, how의 관점으로 바라볼 수 있습니다. 우선 어떤 일을 내
가 왜 해야 하는지를 생각하는 것이 중요합니다. 그리고 그 일을 누구

서울대 교육학과 교수와 혁신과 공존 교육을 이야기하다

랑 할 것이며 무엇을 할지를 생각해야 합니다. 마지막으로는 이를 어떻게 할지가 중요한 문제가 됩니다. 요약하면, 나에게 의미 있고 내가 관계를 맺는 사람들과 함께 할 수 있는 일을 찾고, 그것을 잘할 수 있는 방법에 대한 관심을 가질 필요가 있다는 것입니다. 그런 점에서 기억이 남는 경험은 두 가지입니다. 첫 번째는 석사 때 한국 전기 통신공사(지금의 KT)의 연구 공모에서 컴퓨터 보조 학습(computer-assisted instruction)의 효과를 검증하는 연구를 해서 제출했습니다. 두 번째는 박사과정생으로 미네소타대학 연방정부 연구기금에서 운영한 학습장애 CBM(curriculum-based management) project에 참여했습니다. 이런 경험들은 연구 공동체의 일원으로서 제가 하는 연구의 의미를 찾고, 함께 연구하는 사람들과 서로 다양하게 상호작용하면서, 효과적으로 연구하는 방법을 고민하는 데 익숙하게 해주었다는 점에서 의미가 있습니다.

교수님께서 가장 소중하게 생각하시는 연구는 무엇이며 그 이유는 무엇인가요?

저는 대학교부터 대학원을 거쳐 학자로서의 삶을 살기까지 항상 소수자, 사각지대에 있는 학습자에 대한 관심을 가지고 있었습니다. 제 관심사는 일반적 조건에서 학습에 어려움을 겪는 학생이 어떤 학생이고, 그런 현상이 왜 일어나고, 이를 어떻게 진단하는지, 어떻게 도움을 줄지에 대한 것이었습니다. 우리 공동체가 좋은 공동체가 되기 위해서는 취약성을 넘어 적극적으로 다양성을 지향하는 것이 중요하고, 이를 위해서 개인차와 맞춤형을 포함하는 진단과 교육이 중요하기 때문입니다. 또한 개인으로 보면 사람이 공부를 하는 것은 자신이 생각하는 최고의 자아가 되고, 최고의 삶이라고 봅니다. 이런 점에서 교육이 다양한 학생들의 다양성을 수용하고 개별적으로 적합하게 하는 것이 중요합니다. 그렇기 때문에 저는 소수자 및 underserved and underprivileged 학습자들이 자신의 교육적 권리를 실현할 수 있도록 돕는 연구를 지속적으로 해왔습니다. 그런 맥락에서 교육 사각지대 학습자들에 대한 연구들을 제가 소중하게 생각하는 연구로 뽑고 싶습니다.

2) 혁신과 공존에 대하여

> BK21의 '혁신과 공존'이라는 키워드가 선생님께는 어떤 의미를 가지고 있나요?

혁신에 대해서는 칼 포퍼(Karl Popper)의 『열린 사회와 그 적들』이라는 책에서 보면, 우리의 인식 오류와 그에 대한 반증 가능성을 강조합니다. 내가 주장하는 것이 옳지 않을 수 있고, 언제든 반증 가능하다는 것을 열어두는 것은 매우 혁신적인 생각이라고 봅니다. 한편으로 공존은 차세대 교육학의 중요한 주제입니다. 교육은 인간 간의 관계 외에 테크놀로지나 자연과의 관계 역시 고려하는데, 이는 공존 혹은 상호작용이 공진화를 하는 것이라고 볼 수 있습니다. 공존에 대해서 화엄 사상에서는 서로 작용을 주고받아도 방해됨이 없고, 서로 그물코와 같이 결합되어 들어맞게 되는 것을 강조합니다. 공존이라는 것은 이렇게 오래전부터 이야기된 중요한 주제입니다. 그런 만큼 우리 사업단에서도 공존이라는 주제를 차세대 교육학의 출발점으로서 중요하게 다루고 있습니다.

서울대 교육학과 교수와 혁신과 공존 교육을 이야기하다

> **혁신과 공존에 관련해서 사람들에게 인사이트를 줄 수 있는 책이나 논문을 추천해주실 수 있을까요?**

현재 우리 사업단에서는 '혁신과 공존의 교육학'이라는 입문서를 출판하였습니다. 이에 대하여 일독하기를 기대합니다.

교육과 개인에 대한 관심을 가지는 독자를 위하여 토드 로즈(Todd Rose)의 『평균의 종말』이라는 책을 추천하고 싶습니다. 우리 교육에서 강조되는 평균 개념이 어떤 문제점을 가지고 있는지를 잘 보여주는 책입니다. 우리는 학습에서 일시적으로 부진한 학습자를 일반적인 학습자와 구분하려고 하는데, 실제로는 우리 모두가 자신만의 강점과 약점이 있고, 그에 맞는 교육이 일어나야 함을 이해했으면 좋겠습니다. 이와 관련해서 제가 서평을 쓴 바가 있는데, 이를 참고하시면 좋겠습니다.

> "우리는 특정 분야나 영역에 대해 들쭉날쭉하게 약점이나 강점을 드러내게 되어 있다. 그러므로 약점을 강조하면 어느 누구도 "특수학습장애(Specific Learning Disability)"라는 명칭으로부터 자유로울 수 없다. 모든 학습자의 강점을 찾아서 이를 북돋아 주는 교육이야말로 우리의 현재 지향점이다."
>
> - 서평 중

김동일 교수

> **BK21를 이끌어 가실 때 앞으로의 방향성에 대해서 이야기해주실 수 있을까요?**

우리 사업단 구성원들은 이미 높은 동기와 성취 욕구를 가지고 있습니다. 따라서 우리 사업단은 구성원들이 자연스럽게 서로 소통하고 연구할 수 있는 분위기를 만드는 데 초점을 맞추고자 합니다. 예를 들면 이들이 자신의 연구 과정이나 성과에 대해서 나눌 수 있는 많은 자리들을 만들고 싶습니다. 강화 학습 이론으로 유명한 스키너(Burrhus Frederic Skinner)는 가장 강력한 강화를 자연 강화(natural reinforcement)로 보았는데, 이는 자연스러운 상태에서 강화가 만들어질 수 있도록 하는 것을 의미합니다. 우리 사업단 역시 일종의 자연 강화로써 구성원들이 자연스러운 상황 안에서 공부하고 연구할 수 있도록 하는 분위기를 만들고자 합니다. 우리 BK21의 가장 중요한 목표가 학문 후속 세대 양성인만큼, BK21 구성원들이 학자로서 성장하고, 건강한 학문 공동체의 구성원으로서 살아가기를 기대합니다.

3) 마무리

> **연구자가 되고 싶은 사람들에게 어떤 조언을 해주고 싶으신가요?(혹은 만약 과거로 돌아가게 되신다면 과거의 본인에게 현재의 교수님께서 해주고 싶은 말이 있다면 무엇인가요?)**

공부하는 시기는 발달 과업을 이루어가는 불안한 시기입니다. 그렇기 때문에 많이 힘들고 괴롭고 의심

할 수밖에 없고 저 역시 그러한 경험을 했습니다. 이런 조급함 때문에 빨리 가려는 마음이 많이 들 수 있습니다. 혼자 가면 빨리 갈 수는 있지만, 멀리 가려면 같이 가야 합니다. 같이 가기 위해 중요한 것은 내가 어떤 강점이나 관심이 있는지 나에 대해서 생각해보고, 내가 누구와 무엇을 할 것인지 관계에 초점을 맞춰야 합니다. 사람은 결국에 자신이 속한 공동체의 영향을 받게 되기 때문입니다. 한편으로는 공동체 내에서 내 역할을 위해서 항상 어떻게 잘할지도 생각해야 합니다. 그러나 이런 과정은 굉장히 오래 걸리는 일이기 때문에 조급하지 않고 스스로를 다독이는 것이 필요합니다.

> **선생님께서는 매우 열심히 연구하시고 이를 후학과 나누는 연구 성과를 내시는 것으로 알려져 있는데, 열정적으로 많은 일을 할 수 있는 비결이 있으신가요?**

저는 항상 오늘 제가 해야 할 일을 끝내지 못하면 내일 성취를 이루기 어렵다는 절박함을 가지고 있습니다. 예를 들어 올해에 논문 게재 신청을 안 하면 내년에 출판이 되기가 힘들죠. 저는 이런 인과관계에 대해서 잘 이해하고 있습니다. 그렇기 때문에 우선순위를 정해서 중요한 일을 먼저 해야 합니다. 연구에 절박하게 집중한다는 것은 연구 외에 딴 짓을 하지 않는 것이고, 딴 짓을 하더라도 내가 딴 짓을 한다는 것을 명확하게 인식하고 있어야 합니다. 이런 부분에 집중하면 딴 짓 말고 '본 짓'에 집중할 수 있습니다. 여기서도 앞에서 말했던 why, what, who, how가 중요합니다. 열심히 하려면 나에게 의미가 있는 일을 찾아야 하고, 누구와 일을 하고, 이것이 서로에게 어떻게 도움이 되는지를 확인하고, 그것을 어떻게 효율적으로 할지를 생각해야 합니다. 같은 목적을 가지고 연구 공동체에 있는 제자들이나 동료들과 어떻게 관계를 맺고 일을 잘 할 수 있는지를 생각하는 것입니다. 그런 생각을 계속하면 그것이 자동화 되고, 효과적으로 일을 할 수 있게 되는 것 같습니다. 그런 것들이 중요한 과정이고 그 과정이 있으면 결과는 자연스럽게 나타날 것입니다.

현재 서울대학교 교육학과 교육 철학
전공 교수이며, 후기-근대교육, 예술교
육철학, 교사교육철학, 동서양 인문교
육전통 비교 연구 등에 관심을 가지고
연구하고 있다.

곽덕주
교수

/

한발짝 멈춰서
되돌아보는
교육연구

1) 학자로서의 삶에 대하여

> **교수님은 학자로서 본인의 정체성을 어떻게 생각하시나요?**

　　이 질문이 교육철학자로서 저에 대해 묻는 질문이라는 생각이 드네요. 우선, 교육철학이라는 분야는 교육학 안에서 늘 근본적인 질문을 하는 학문 분야입니다. 아마 교육학을 공부하는 친구들은 '철학' 하면 어렵거나 심오한 것을 연구하는 분야라 생각하기 쉬울 것 같은데, 실제로 저도 그렇다고 생각합니다. 왜냐하면 교육이란 무엇인지, 교육받은 사람은 어떤 사람이어야 하는지, 교육의 목적이 무엇인지 등 굉장히 기본적인 정의를 다루거나 당위적인 질문, 규범적인 질문을 많이 하는 학문 분야이기 때문입니다.

　　또한, 누군가는 교육철학이 우리나라 학교 교육이 나아가야 하는 방향성을 아주 멋들어지게 대답해줄 것이라는 기대를 하기도 하는데, 이는 요즘 사회에서 어려운 일이 되었습니다. 워낙 복잡하고 다원적인 가치 사회가 되어 교육에 대한 관점을 100명에게 물으면 100가지 답이 나오는 삶의 조건 속에 있으니까요. 그만큼 다양한 가치를 지향하는 사회에서 교육에 대한 질문에 대해 교육철학이 큼지막하고 체계적인 이론으로 답하기는 어렵게 되었어요. 그 어느 때보다도 교육철학적 질문이 교육학 안에서 자리 잡는 것이 쉽지 않은 시대를 지금 우리는 살고 있습니다.

　　이렇듯, 이전에는 교육에 대해 교육철학이 큰 담론을 이야기했다면, 지금은 그러한 크고 이론적인 담론의 시대가 지나고 작은 담론, 특히 실천을 지향하는 작은 담론의 시대에 접어들었어요. 그래서 교육철학자로서의 저는, 교육에 대해 작은 담론 중의 하나를 지향하고 또 그것의 실천을 추구하는 사람이라고 봅니다.

비록 큰 담론을 다루지 않는다고 하더라도, 교육철학은 오늘날 여전히 굉장히 중요하고 특별한 학문 분야라고 생각합니다. 교육다운 교육이 무엇인지를 생각하지 않으면 아무리 교육을 잘해도 소용이 없게 되기 때문이죠. 즉, 교육철학은 근본적인 질문들을 던지며 사람들로 하여금 멈추어 서서 지금 자신이 교육이라는 이름으로 하고 있는 일을 되돌아 보게 하고 또 주저하게 하는 분야이기 때문입니다. 이렇게 하던 일을 멈추고 생각해보게 하는 교육철학적 질문과 담론은 모든 것이 편의에 따라 빠르게 변화하는 지금의 우리 세상을 '인간적으로' 만드는 데에 필수 불가결하다고 봅니다.

동시에, 저는 교육학의 다른 세부 전공 분야처럼 사람들의 삶에 실질적인 영향을 미치는 교육철학의 방법에 대해서도 최근 많이 고민 중입니다. 사실 교육철학은 교육에 대해 평소 하지 않는 질문들을 어렵게 던지며 '주저하게 하는' 학문으로서, 사람들 눈에 비효율적으로 비치기 쉽다고 봅니다. 그렇지만, 모든 것이 예측하기 어려운 미래 사회에 직면해서 이제까지 해 왔던 것을 되돌아보며 그것을 생각없이 계속하기보다는 새롭게 생각하고 바라보는 힘을 길러주는 교육철학은 역설적으로 미래 사회가 요구하는 태도를 길러줄 수 있는 학문 분야가 아닌가 싶기도 합니다.

교수님께서 '교육철학'을 주 전공으로 선택하신 이유가 듣고 싶습니다.

제 학부 때 전공은 인류학이었고, 사실 교육에 관심을 가지게 된 계기는 학부 시절 참여한 야학 동아리였습니다. 내가 아는 것을 모르는 사람에게 가르치는 것을 아주 쉽게 생각했는데 막상 해보니 너무 어려운 거예요. 안다는 것과 가르치는 것은 완전히 다른 차원의 일임을 느꼈지요. 그러면서 동아리 사람들과 이야기를 나눌 때, 전공은 사회과학 분야인데 철학적인 질문을 던지는 제 자신을 발견했어요. 교육이라는 활동과 철학적인 질문에 점점 관심을 가지게 되면서 두 가지를 모두 충족하는 분야를 찾아보게 되었습니다. 그렇게 학부 때 교육학과 과목을 추가로 들으면서 앞으로 적성에 맞게 공부를 할 수 있는 분야가 무엇인지에 대해 고민하는 시간을 가졌죠. 그 결과가 교육철학을 공부하는 현재의 모습으로 나타난 것 같아요. 이 길을 쭉 오면서 정말 선택 잘했다고 생각합니다. 아까 철학이 힘들다고 그랬는데 철학을 하는 사람한테도 철학은 힘들어요. 그리고 교육철학이 개념적인 사유와 더불어 실천적인 사유를 동시에 하는 분야이기 때문에 힘들어도 늘 자신에게 보상을 주는 공부를 해올 수 있었습니다.

> **교수님께서 많은 연구를 해오시는 동안 소중하다고 생각하시는 연구 분야에 대해 소개받고 싶습니다.**

저는 기본적으로 '철학하는 것'이 재미있어요. 철학은 그 안에 세부 분야가 많이 있습니다. 사실 교육철학도 때때로 하나의 응용철학으로 보기도 합니다. 철학을 기본으로 교육철학을 배우는 것과, 교육을 기본으로 교육철학을 배우는 것이 크게 다르죠. 저는 철학을 좋아해서 전자의 방식으로 교육철학을 하다가 점차 교육학을 중심으로 철학을 공부하게 되면서, 교육 실천을 철학하는 교사들에게 관심을 가지게 되었습니다. 나 자신을 포함하여 교사들이 수업 커리큘럼을 짜고 교실에서 아이들을 만날 때, 자기 자신을 어떻게 보고 이해하는지를 유심히 보게 됩니다. 그래서 항상 교육의 실천에 대해 관심이 많고, 교사의 교육의, 혹은 수업의 질을 향상시키는 일, 그리고 교사들이 자신의 정체성을 고민하고 자신의 수업

철학을 세울 수 있도록 돕는 일을 하고 있습니다. 이를 통해 우리나라 교육 현장 내의 수업의 질이 나아질 거고 교실의 문화가 달라질 것이라는 기대도 하고 있죠.

이와 관련해서 나온 책이 있어요. 『후기 근대 교육에서의 교육적 관계와 가르침의 존재론』이라는 책인데, 그 중 '근대 교사의 역할에 대한 비판적 성찰'에 대한 내용을 유심히 봐주시면 감사할 것 같습니다.

한편, 제 부캐 연구 관심은 예술교육철학입니다. 예술이 갖는 교육적 힘이 무엇인지 10년 넘게 연구하며 교육하고 있는데, 현장에서 문화예술교육을 하는 예술가 교사들이 어떻게 가르쳐야 아이들에게 닿을 수 있는가에 대한 문제를 중점적으로 보고 있죠. 교사교육철학, 예술교육철학, 이 두 가지가 제가 지금까지 소중하게 생각하는 연구들의 핵심적 관심이라고 보시면 됩니다.

2) 혁신과 공존에 대하여

혁신과 공존이라는 단어에 대해서 교수님께서 어떻게 생각을 하고 계신지 인사이트를 얻고 싶습니다.

교육학 전공 내에는 혁신을 강조하는 전공 분야 선생님들과 공존을 강조하는 전공 분야 선생님들이 계신 것 같아요. 저는 공존 쪽에 있다고 생각합니다. 그래서 교육적 공존이 무엇인지에 대해 정의해야 하는 책임감을 느끼며 심도깊은 고민을 지속하고 있습니다.

혁신은 대세이고 거스를 수 없는 것입니다. 우리도 모르는 사이 언젠가부터 '포스트-디지털 사회'에 접어든 모습이 그 예시이죠. 포스트-디지털 사회란 우리 일상의 선진적 과학기술화에 열광하고 이를 향해 질주하던 시기의 사회를 넘어, 이러한 기술적, 물적 조건을 받아들이면서도 이것이 우리에게 의미하는 것이 무엇인지, 특히 단순한 발전이나 성장이 아닌 공생과 가치에 기반하여 같이 살아간다는 것이 무엇인지 고민하기 시작하는 사회를 말합니다.

그렇다면 우리가 현재 살고 있는 사회 안에서의 '공존'은 무엇일까요? 혁신은 끊임없이 새로움을 만들어내는 것인데, 이러한 새로움을 만들어야 하는 이유와 어떻게 새롭게 만들어야 우리 삶이나 교육에 의미 있고 가치로운 것일까에 대한 질문을 던지는 것이 공존을 추구하는 교육학 분야의 역할이라고 봅니다.

한편, 공존을 이야기할 때, 보통 세 가지 차원에서 이야기합니다. 인간과 인간 간의 공존, 인간과 물질 간의 공존, 인간과 자연 간의 공존이 그것이죠. 이는 가치의 문제입니다. 이질적인 구성원 혹은 요소 간에 어떻게 평화롭게 서로를 적대시하지 않고 혹은 서로로부터 배우면서 공존할 수 있고, 같이 존재하며 함께 있을 수 있을까에 대해서 고민해야 하죠. 이처럼 공존은 혁신을 윤리적으로나 교육적으로 이득이 되는 방식으로 이끌어 가기 위해 어떻게 해야 될 것인가에 대한 고민을 담는 개념이라고 봅니다. 굉장히 가치 지향적이죠. 가치 지향적인 만큼, 공존을 이야기하는 사람들은 윤리적인 것과 교육적인 것에 대한 기준을 만들어내는 데 관심을 가지고 있어야 합니다.

공존은 혁신의 짝(pair)으로서, 혁신과 상보적으로 '공존'해야 하는 개념입니다. 윤리적이고 교육적인 담론이 새로운 것과 어떻게 같이 갈 수 있는지를 고민해야 하는 것이 우리의 몫이죠. 서로 보완적인 역할을 하는 두 가지의 가치에 대해 앞으로도 계속적인 담론이 지속되면 좋을 것 같습니다.

> **사람들이 '혁신과 공존'이라는 단어를 더 이해하기 쉽게 도울 수 있는 책이나 논문을 추천해주실 수 있을까요?**

사실 제가 BK21 사업단 제목을 정할 때, '공존'을 핵심어로 제시했어요. '공존'이라는 단어를 생각해내는 데 큰 영향을 준 철학자가 프랑스의 '장뤽 낭시'라는 철학자입니다. 낭시가 이야기하는 공동체 개념, '공동체 내 존재'로서의 공존 개념은 이질적인 것이 각각 그 자체의 가치를 지속시키는 방식으로 함께 있는 것을 의미합니다. 한 가지 가치로 똘똘 뭉치는 것이 아니라 각각 다른 가치를 지향하는 동시에 평화적으로 서로 배움을 주고받는 방식으로 함께 존재하는 것입니다. 이 개념을 담고 있는 책을 소개해 드리고 싶어요. 제목은 『무위의 공동체』입니다.

비슷한 맥락에서 『밝힐 수 없는 공동체, 마주한 공동체』 책도 소개드리고 싶네요. 이 책 역시, 우리가 이전에 알고 있던 동일한 규범이나 정체성을 중심으로 공동체를 규정하는 공동체가 아니라, 포스트모더니즘 사회에서 다른 방식으로 각각 존재하는 것을 허용하는 공동체 개념을 지향하는 책입니다. 이 책의 내용을 통해 학교 공동체는 어떤 공동체여야 하는지에 대해 고민할 수 있을 것 같아요. 흔히 운동회나 학급 성적 등으로 다른 학급과 경쟁하는 것을 통해 학급중심 혹은 학교중심 공동체 의식을 갖게 하는 학교 교육을 생각할 수 있는데, 여기에 깔린 공동체 의식이나 개념은 기본적으로 그 공동체의 승리에 기여하기 어려운 특성을 가진 학생 개개인을 배제시키거나 주변화시키는 경향이 있습니다. 종종 개개인을 덜 존중하는 방식으로 공동체 소속감을 많이 강조하곤 하죠. 이것은 소위 근대적인 합리적인 공동체로 불립니다. 그러나 후기 근대적 맥락에서 프랑스 철학자 낭시가 주장하는 공동체는 모두가 한 명 한 명 실존적으로 의미 있게 존재할 수 있는 실존의 공동체, 타자 공동체로, 공동체 내에서도 개별적인 개인의 가치를 굳이 공동체에 맞추지 않아도 되는 그러한 공동체입니다. 이 책들이 이러한 공동체 혹은 공존의 개념을 이해하는 데 도움이 되지 않을까 하는 마음에 추천드립니다.

3) 마무리

학자가 되고 싶은 사람들에게 조언 한 말씀 해주실 수 있을까요?

　　　　　　　이 질문을 통해 옛날에 꿈꿨던 학자상, 되고 싶었던 학자상을 생각해 보게 되는 것 같아요. 저는 옛날에

서울대 교육학과 교수와 혁신과 공존 교육을 이야기하다

공부할 때 멋진 학자가 되고 싶었거든요. 공부하는 일도 사랑하고 내가 하는 일이 다른 사람들에게도 좋은 영향을 미칠 수 있는, 학자를 꿈꾸는 사람들이라면 누구나 가질 수 있는 그런 이상적인 학자요.

그러나 공부하는 일이 제 삶에 매끄럽게 들어와 있지는 않은 것 같아요. 공부는 제 업이고 삶이라 받아들이고자 노력은 하지만, 항상 불화가 있습니다. 공부하는 일은 언제나 어렵고 글 쓰는 일에 제가 녹아들기 위해서는 엄청난 노력이 필요하니까요. 어쩔 수 없이, 공부하는 일이 수단적으로 흘러가는 상황이 많은 것 같아요. 특히 여러분이 하고 있는 대학원 공부는 '연구 중심'이라는 이름으로 어떤 면에서 보면 상당히 수단적으로만 보이는 것 같아요. 프로젝트를 하고 있고 결과물을 내야하기 때문에 공부를 하는 식의 연속인 것이죠. 그러다 보면 개인적으로 학자로서의 삶이 행복하지 않게 됩니다. 특히 이 책을 읽는 많은 친구들이 평생 학자로서 살아갈 텐데 공부를 일처럼 힘들고 재미없고 수단적으로 하면, 과연 행복한 삶이 될 수 있을까 그런 생각이 들거든요. 비록 제가 모범이 되지는 못하지만, 이제 젊은 학자들은 행복하게 공부해야 그런 생각을 하게 되는 요즘입니다.

재미있게 공부를 하기 위해서는 다양한 전공들이 만나서 이야기도 나누고 전공 내에서도 각자의 생각을 나누는 일이 필수인 것 같아요. 그렇게 대학원 생활을 재미있게 하기 위해서 대학원 내 전공 간에 같이 공부하는 문화가 있으면 좋지 않을까 싶습니다. 지금은 성과가 중요하기 때문에 논문을 많이 써야 하는 것은 알지만, 결과적으로 글은 혼자 쓰더라도 논문에 대한 아이디어는 함께 이야기할 때 '연결되는 공부'를 하게 되는 경우가 많아요. 내 연구와 다른 이의 연구가 연결이 되면 재미있거든요. 이런 방식의 연구를 좀 권장하고 싶습니다.

연구는 칸막이가 쳐져 있으면 안 된다고 봅니다. 이는 타인과 나

사이의 칸막이뿐만 아니라 나와 내 연구 사이의 칸막이도 함께 비유하는 말입니다. 같이 하라는 이유 중 하나가 내 연구가 다른 연구와 연결되기 위해서도 있지만, 내 연구가 진정으로 나 자신과 연결되어야 하기 때문이에요. 나 자신에게도 의미 있는 연구가 되는 것이 중요해요. 공부를 하는 자기 자신이 소외되지 않고 스스로 채워지는 그런 공부가 됐으면 좋겠습니다. 이럴 때 공부와 연구를 평생 하는 것이 지속 가능하다는 생각이 들고, 내가 채워지는 공부를 통해 내 옆에 있는 연구자에게도 긍정적인 영향을 미칠 수 있는 그런 공부가 된다고 봅니다. 특히 '교육'을 고민하는 '교육학'에 헌신하는 만큼, 교육적 공동체에 대한 생각을 늘 마음속에 품고 있으면 좋겠습니다.

KIM YONGNAM

현재 서울대학교 교육학과의 교육통계
교수이며, 양적연구방법론, 인과추론
이론 및 응용에 관심을 가지고 있다.

김용남
교수

엄밀하고
새로운 교육연구

1) 학자로서의 삶에 대하여

> **교수님의 '학자'로서의 정체성이 궁금합니다.**

사실, 제 자신이 어떤 학자로 정의될 수 있는지에 대한 고민이 종종 듭니다. 일반적으로 사람들이 얘기하는 '교육학'이라는 범주 안에 제 연구가 들어가는지 확실치 않아서요. 저의 생각과 고민들이 교육학에 속하는 것인지 아닌지가 그렇게 명확하지 않습니다.

제 연구는 교육학자만의 영역은 아닙니다. 저는 교육 연구 이외의 다른 분야에서도 적용될 수 있는 방법론을 공부하고 있기 때문입니다. 그래서 저의 학문적 정체성을 '교육학자'라고만 한정 짓기는 어렵다고 느껴집니다.

그렇다고 해서 제가 교육학에 완전히 무관하다는 것은 아닙니다. 현재 교육학과에 속해 있으니, 저의 연구 소재가 교육연구와 많이 관련되어 있고, 그로 인해 얻게 되는 아이디어와 고민들 역시 교육에 관련된 것이 많습니다.

어쨌거나 누군가 저에게 "당신은 교육학자입니까?"라고 묻는다면, 저는 쉽게 답변하기 어렵습니다. 제 연구는 교육학뿐 아니라 다른 학문 분야에서도 적용되고 이해될 수 있기 때문입니다. 이런 부분들로 저는 제 학문적 정체성에 대해 계속 고민해가고 있습니다.

**교수님께서 '양적연구방법론'을 주 연구 주제로 선택하신 이유가 듣고
싶습니다.**

사실 저는 학부를 졸업하고 대학원
에 가기를 원했던 것이지, 그때부터 명확한 연구 주제나 방향에 대해
많이 고민하진 않았습니다. 대학을 졸업한 후 잠시 취업을 고려한 적
도 있었지만, 그 당시에는 별다른 열망을 느끼지 못했습니다. 사실 더
공부하고 싶었지만, 여러 사정들로 인해 취업을 준비를 했고, 결국에
는 취업에 실패하게 되었습니다. 그 결과, 대학원에 진학하게 되었는
데, 이를 계기로 볼 수도 있겠네요.

학부를 졸업한 후에는 교육심리학을 전공하며 석사 학위를 받았습
니다. 그 과정에서 통계 분야에 흥미를 느끼게 되었고, 석사 졸업 후에
는 이 분야를 더 깊이 연구하고 싶다는 생각이 들었습니다. 그래서 저
는 박사 학위 과정을 위해 해외로 유학을 가기로 결정하였고, 전공을
방법론으로 변경하였습니다.

박사과정에서는 교육통계 분야를 공부하였는데, 지금 생각해보면
당시에는 아무런 두려움 없이 도전했던 것 같습니다. 하지만 저는 이
분야가 재밌어 보였고, 그냥 도전해보기로 결정했습니다. 지금 돌이켜
생각해 보면 그때의 결정이 쉽지 않았지만, 저의 선택이 결과적으로는
도움이 되었습니다. 이전에 공부한 분야를 벗어나 새로운 분야를 공부
하려는 시도가, 박사 졸업 후 일자리를 찾는 과정에서 어느 정도 도움
이 된 것 같습니다. 이런 경험을 돌아보면, 여러 면에서 본인만의 길을
찾아가는 과정이 그만큼 중요하다는 것을 느낍니다.

> **교수님께서 가장 소중하게 생각하시는 연구는 무엇이며 그 이유는 무엇인가요?**

제가 박사 과정에서 처음으로 작성한 논문이 있어요. "Apples to Oranges: Causal Effects of Answer Changing in Multiple—Choice Exams"라는 논문입니다. 우리가 시험을 볼 때, 한 번씩 그런 고민을 하죠. 처음 쓴 답을 바꿀까 바꾸지 말까? 바꾸는 게 좋을까요? 바꾸지 않는 게 좋을까요? 대부분의 사람들은 처음 선택한 답이 올바를 것이라고 생각하곤 하지요. 이 문제는 실제로 100년 가까이 연구되어 온 주제입니다. 한 쪽은 답을 바꾸는 것이 이득이라고 주장했고, 다른 쪽은 답을 바꾸는 것이 손해라고 주장했습니다.

실제로, 측정평가 전문가들의 대다수는 답을 바꾸는 것이 이득이라고 생각합니다. 하지만 일반인들은 답을 바꾸는 것이 손해라고 생각합니다. 그러던 중 2000년대 후반에 한 연구자가 나와서, 실제로는 일반인들이 맞다는 주장을 펼쳤습니다. 이 연구자의 주장은 답을 바꾸는 것이 손해라는 것이었고, 이로 인해 이 주제에 대한 논쟁이 다시 일어났습니다.

제가 박사과정 때 쓴 논문은 이에 대한 연구를 인과추론적 관점에서 재해석하는 것이었습니다. 저는 대학원생 시절 이 주제에 대해 알게 되었고, 그 시점에서 이 논쟁에 참여하게 되었습니다. 한 쪽은 답을 바꾸는 것이 이득이라고 주장하고, 다른 쪽은 답을 바꾸는 것이 손해라고 주장하는 상황에서, 제가 내린 결론은 둘 다 틀렸다는 것이었습니다.

제 논문의 제목이 'Apples to Oranges'인 것처럼, 사실 두 주장은 서로 다른 것을 바라보고 있었고, 비교 자체가 잘못되었다는 것이 제 결론이었습니다. 이런 결론은 많은 사람들이 좋아하지 않았을 것입니다. 왜냐하면, 이렇게 열심히 논쟁하고 있는데 사실 두 가지 주장이 모두 틀렸다는 주장은 썩 만족스럽지 않을 것이었으니까요.

실제로 사실 많은 사람들이, 제 지도 교수님을 포함해, 이 연구 주제를 좋아하지 않았습니다. 그래도 저는 고집을 버리지 않고, 결국 논문을 완성해냈습니다. 이 과정에서 제가 학자로서의 독립성을 처음 경험했고, 이는 저에게 큰 의미가 있습니다.

하지만 아직도 이 논문은 출판되지 않았습니다. 논문을 쓴 것은 제 졸업 이전이었고, 그 이후로도 몇차례 출판을 시도했지만 성공하지 못했어요. 이 논문은 현재까지 온라인 아카이브에만 올려져 있습니다.

제가 이 논문을 좋아하는 이유는, 지금도 다시 읽어 보면 여전히 재미있기 때문입니다. 당시에는 제가 학생이었고, 그 상태에서 담긴 생각과 감정들이 이 논문에 고스란히 담겨 있습니다. 그 때의 감정과 생각을 그대로 유지하고 싶어서, 이 논문을 세련되게 수정하는 것이 좀 꺼려집니다. 아마도 제가 죽을 때까지 그냥 두게 될 것 같습니다.

이 논문은 제 학문적 삶의 시작을 의미하는 작품입니다. 결국은 출판하지 못했지만 이 논문을 저의 '아픈 손가락'처럼 여기고 있습니다.

> **교수님께서 최근 관심 가지고 계시는 연구 분야에 대한 소개도 함께 부탁드립니다.**

제 주요 연구 분야인 인과추론에 대해 말씀드려야겠네요. 인과추론이란 말을 들으면, 머릿속에 어떤 생각이 드시나요? 원인과 결과에 대한 관계를 표현하는 방식, 즉 인과성에 대한 생각이 있을 것입니다. 이는 단순한 상관관계와는 별개인 개념임을 모두 인지하고 있습니다.

문제는 인과성을 양적 분석에 반영하려 할 때입니다. 예를 들어, 두 사건이 어떻게 연관되어 있는지를 어떻게 수식으로 표현할 수 있을까요? 두 사건 사이에 상관성이 있다면, 상관 공식을 사용해 계산하면 됩니다. 그러나 상관성의 원인과 결과를 수학적으로 어떻게 표현할 수 있을까요? 이것이 근본적인 문제입니다. 근대 통계학의 양적 연구는 이 부분을 해결하지 못했습니다. 70년대와 80년대로 넘어가며 새로운 생각을 가진 사람들이 등장합니다. 인과성을 수학적으로 표현할 수 있는 공식을 제시하며 인과추론 연구가 시작되었습니다. 이전에는 정답을 명확하게 표현할 수 없었기 때문에 자신이 하는 연구가 인과적으로 옳은 것인지에 대한 논의는 거의 불가능했습니다. 인과추론 연구의 시작은 바로 이런 문제를 해결하려는 시도였습니다. 지금은 많은 사람들이 이 분야에 관심을 갖게 되었고, 교육학, 철학, 통계학, 컴퓨터 과학 등 다양한 분야에서 연구가 진행되고 있습니다. 사회과학에서도 사회학과 심리학에서 활발하게 활용되고 있으며, 교육학은 이 분야를 막 시작한 단계에 있습니다.

요컨대, 인과 추론은 상관 관계와 인과성을 분리하는 과정에서 발생하는 어려움을 해결하려는 시도입니다. 인과성을 수학적으로 표현하려는 노력이 이 분야의 핵심입니다. 다양한 분야에서 보다 깊이 있는 연구가 가능해지고 있습니다.

2) 혁신과 공존에 대하여

> 혁신과 공존이라는 단어에 대해서 교수님께서 어떻게 생각을 하고 계신지 인사이트를 얻고 싶습니다.

　　　　　　　　솔직히 말하자면, 제가 진행하고 있는 연구와 이 슬로건 사이의 연결이 잘 보이지 않아요. 혁신적인 방향성이 제 연구와 어떻게 연결될 수 있을지에 대해선 아직 확실하게는 모르겠습니다. 그래도 새로운 패러다임을 제시하는 인과추론 연구를 통해 어떤 형태의 혁신이 이루어질 수 있을 것이라는 막연한 생각을 가지긴 했어요.

그러나 제 연구는 혁신적인 것보다는 기존의 관점을 재해석하는 쪽에 더 가까운 것 같습니다. 혁신이라는 것은 마치 새로운 것을 제시해야 한다는 부담감을 주기도 하는데요, 제 연구는 오히려 비판적인 시각에서 출발해, 통설을 재검토하는 것에 더 초점을 맞추고 있습니다.

하지만 슬로건을 보며 느낀 점은 분명히 있습니다. 사실, 교육 분야에서의 논문 작성이나 진행 중인 프로젝트를 보면 '공존'이나 '혁신' 같은 얘기를 별로 듣지 못하죠. 그런 점에서, 서울대 교육학과에서 진행하는 사업단이 이런 키워드를 제시하는 것은 신선하게 느껴집니다. 이는 다른 사람들이 하는 것을 단순히 따라가는 것이 아니라, 우리 교육자들이 추구해야 할 가치를 제시하고, 그 가치를 기반으로 학생들과 연구자들이 리더십을 발휘하며 나아가는 것 같아요. 이런 점에서 매우 멋진 모습이라고 생각합니다.

김용남 교수

3) 마무리

| **학자가 되고 싶은 사람들에게 어떤 조언을 해주고 싶으신가요?**

　　　　　　　　　　저는 서울대 교육학과 출신으로, 학과의 분위기를 잘 알고 있습니다. 대체로 교육학과에 오는 학생들은 착한 분들이 많아요. 이런 동료들이 있어서 많은 도움을 받고 있고, 그들을 지인으로 두고 있다는 것에 감사합니다.

그러나 가끔 아쉽게 느껴지는 부분이 있습니다. 개인적으로 느끼기에 지적인 호기심으로 인해 새로운 것을 추구하는 분위기는 덜한 것 같아요. 대학원에서의 학업은, 그저 교수님의 지시를 잘 따르는 것만으로는 충분하지 않습니다.

사람들을 대체로 다른 사람들의 말을 따라가는 경향이 있는데, 이는 자신의 독립적인 사고를 막는 요소가 될 수 있습니다. 연구자에게 무엇보다 중요한 것은 본인이 독립적으로 지적인 것을 창조하는 것입니다. 지도교수나 권위자의 의견에도 맹목적으로 따르지 않는 자신만의 생각을 가지는 것이 필요합니다.

책을 통해 배우는 것도 중요하지만, 실제 대학원 생활을 통해 배우는 것도 중요하다고 생각합니다. 예를 들어, 전공이 다른 학생들과 함께 세미나를 가질 수 있는 자발적인 모임을 만드는 것도 좋은 방법일 것입니다.

KIM CHANGDAI

현재 서울대학교 교육학과의 교육 상담 교수이며, 현대 상담이론, 상담기법, 상담수퍼비전 등을 가르치며, 인간의 심리사회적 변화와 정서조절에 관심을 가지고 있다.

김창대

교수

상담학에서의
혁신과 공존

1) 학자로서의 삶에 대하여

> **교수님은 본인이 학자로서의 정체성을 어떻게 생각하시나요?**

학자로서의 정체성에 대해 대답을 하려고 하니까 '그동안 무슨 일을 해왔나' 이런 걸 좀 생각을 해보았습니다. 지난 20년 동안 관심 있는 분야에 대해서 연구하고, 글도 쓰고, 번역도 하고, 책도 쓰고 했습니다. 또한, 학교에서 강의도 하죠. 사실 상담은 병적인 사람을 정상으로 바꾸는 일이라기보다 본래 그 사람에게 있는 무언가를 잘 이끌어내는 일, 즉 성장, 발달시키는 일입니다. 교육과 일치하는 관점의 상담이지요. 특별히 학생들에게 상담에 대한 성장, 발달, 교육적 관점을 전하고 있습니다.

연구, 교육과 함께 이들에 필요한 최소한의 실무도 해왔습니다. 실무는 그 자체로도 중요하지만, 그보다 의미 있는 연구주제를 발굴하고, 자칫 추상적일 수 있는 강의에 살을 붙이기 위해 최소한의 실무는 필요합니다. 실무는 문헌을 통해 습득한 지식과 가설을 직접 경험을 통해 확인하는 과정이기도 합니다. 또, 상담이라는 게 한국에 들어온 지가 얼마 되지 않아서 정착시키려는 노력을 많이 했죠. 상담사들이 지금 사실 법적으로 보호를 잘 받지 못하고 있거든요. 그래서 학회 활동 또는 상담 관련 법제화 활동 이런 거를 하느라 시간을 많이 보냈던 것 같아요.

제 정체성을 몇 가지 단어로 정의해보자면, 교육자, 연구자, 실무자, 마지막으로 상담이라는 학문을 정착시키기 위한 학회 활동이나 법제화 활동을 하는 봉사자, 이렇게 정의해볼 수 있을 것 같습니다.

교수님께서 '상담'을 주 전공으로 선택하신 이유가 듣고 싶습니다.

옛날로 거슬러 올라갑니다. 제가 3학년 때 박성수 선생님이 담당하신 학교 상담과 생활 지도라는 수업을 들었어요. 그 수업을 듣고 '저런 일 하면 재밌겠다. 연구도 하며, 사람이 어떻게 변화하는지 보면서, 저 선생님처럼 상담을 할 수 있는 능력이 있으면 좋겠다. 또 그걸 가르치면 좋겠다.' 이런 식의 생각을 하면서 관심을 가지게 되었습니다.

상담이 매력적인 이유는 연구와 실무가 함께 이루어져야지만 '상담을 잘한다'고 이야기할 수 있다는 부분인 것 같습니다. 그래서 제 머릿속에는 항상 세 개의 책상이 있습니다. 연구 책상, 실무 책상, 그다음에 학회 일 책상. 이런 멋있는 세 개의 책상을 가질 수 있는 일이라 생각해서 상담을 더 공부하러 대학원을 갔고, 유학을 갔습니다.

사실 제가 대학원을 가고, 유학을 가던 당시만 해도 상담이라는 학문이 보편적이지 않았습니다. 황무지 같았지만, 그때는 관심이 있어서 무작정 시작했던 것 같아요. 아마 미리 나중에 직업을 가지는 일까지 생각했으면 못했을 것 같다는 생각도 얼핏 듭니다. 유학 가기 전 국내 상담 관련 학회를 참석했는데, 그때 약 20여분의 교수님들만 회원으로 계셨습니다. 지금은 국내 상담 관련 양대 학회인 상담학회와 상담심리학회 회원 규모가 각각 3만 8천, 4만여 명 정도 되는 것으로 압니다. 그 때에 비교하면 굉장히 많이 커졌죠. 많은 사람들의 힘을 직결시킬 수 있었던 것은 김계현 선생님처럼 상담 분야의 1세대, 2세대 선배님들이 개척해두신 길이 있었기 때문이라 생각합니다. 그 길이 있었던 덕분에 상담을 주 전공으로 선택해서 포기하지 않고 지금까지 올 수 있었던 것 같습니다.

> 교수님께서 많은 연구들을 해오셨을 것 같은데 그 중에서 제일 기억에 남는 연구에 대해서 말씀 부탁드립니다.

정년을 4년 앞두고, 지금까지의 생각과 고민을 정리하는 방면으로 연구를 하고 있습니다. 연구는 작은 진리, fact를 발견하는 일이잖아요. 이를 엮어서 검증하고, 상담에 대한 관점이나 이론을 만들고 싶었습니다. 이를 위해 가장 먼저 쓴 글 중 하나가 2019년에 쓴 '신경과학적 관점의 정서조절 연구 동향 ─ 상담 및 심리치료에 제공하는 시사점 ─'입니다. 상담에서 사람에 대해서 이야기할 때 항상 감정에 대한 이야기가 많이 나옵니다. 감정에 대한 이야기를 정리해서 하나의 모델을 제시한 논문이 바로 소개드린 논문입니다. 한 50장 정도 되는 긴 논문이고, 2년의 시간이 걸렸거든요. 공부하면서 끌어낸 개인적인 생각을 나름대로 잘 정리했다는 점에서 앞으로의 저서 작업의 씨앗이자 핵심이 될 수 있을 것 같아 기억에 남는 연구로 가장 먼저 생각이 났습니다.

또 기억에 남는 연구는, 이순형 선생님을 비롯한 몇 분하고 북한 이탈 주민에 대한 연구를 했었습니다. 그 당시만 해도 북한 이탈 주민에 대해서 잘 모르고 있었고 그냥 힘든 사람, 어려운 사람 이렇게 생각을 하고 있었죠. 그런데 인터뷰를 진행하면서, 북한에서 남한으로 넘어오는 과정에서 버려야 할 것, 선택해야 될 것, 찾아야 될 것 등에 대해서 그 분들이 하셨던 여러 가지 내적인 고민이나 갈등을 들을 수 있었습니다. 그 과정에서 그분들이 내적인 힘이 강한 분이라는 것을 알게 되었죠. 물론 적응을 하는 과정에서 어려움이 많았지만, 그분들이 겪었던 어려움 자체보다 그런 어려움을 이겨내는 과정에 초점을 맞출 수 있었고 정말 생존력과 잠재력이 많은 분들임을 알게 되었던 것

서울대 교육학과 교수와 혁신과 공존 교육을 이야기하다

같습니다. 이런 새로운 관점을 얻는 등 좋은 경험을 했기 때문에 이 연구가 좀 기억에 많이 남는 연구인 것 같아요.

> **지금 최근에 하고 계시는 연구 주제에 대해서도 소개 부탁드려도 될까요?**

상담은 넓게 말하면 사람을 변화시키는 데 관심이 있습니다. 그런데 변화와 교육적 변화는 분명한 차이가 있습니다. 후자에 가치적인 내용이 들어가 있잖아요. 그런데 이 가치 문제를 해결하기가 참 어렵고, 가치에 대해서는 과학적으로 얘기하기가 어렵습니다. 반면, 변화에 대해서는 과학적으로 이해가 가능해요.

다른 한편으로는 우리 교육학 내에 여러 가지 전공은 크게 두 가지로 나뉠 수 있다고 생각합니다. 인문학적인 소양이 필요한 전공과 과학, 공학적인 전공이 함께 어우러져 있어요. 그게 교육학의 매력이라 생각하는데, 저는 습성상 공학적인 사고를 하는 사람 같아요. 그래서 상담을 과학적으로 생각하고 싶어 하는 사람입니다.

상담 이론도 두 갈래로 나뉩니다. 실존적, 인간 중심과 관련된 이론은 굉장히 철학적이고 가치 중심적이고 인문학적인 성향이 굉장히 큽니다. 이 쪽이 전통적인 이론이지만, 공부하다 보니까 제 성향이 아닌 것 같아 뇌에 관심을 가지게 되었습니다. 그렇게 사람의 변화 과정을 생물학적인 기반의 이해를 가지고 설명하고 상담 이론도 뇌와 생물학으로 풀면 좋겠다는 생각을 가지게 되었습니다.

그래서 간단하게 인문학적, 과학적 이 두 가지 갈래로 나눴을 때, 저는 최근 후자에 집중한 연구를 하고자 하고 있습니다. 아까 소개드린 신경과학적 관점의 정서조절 연구 동향처럼, 2005년 이후에 뇌 과학과 관련해서 배웠던 내용을 상담에 적용하며 상담의 변화, 인간의 변화 과정을 뇌로 어떻게 풀 수 있고 뇌와 정서라는 단어를 어떻게 설명할 수 있는지 정리하는 데 최근 관심을 가지고 있습니다.

2) 혁신과 공존에 대하여

> 혁신과 공존이라는 단어에 대해서 교수님께서 어떻게 생각을 하고 계신지 인사이트를 얻고 싶습니다.

사실 상담은 공존에 관심이 많습니다. 공감도 그렇고, 좋은 관계를 맺어야 한다는 이야기가 70-80% 정도에 해당됩니다. 그래서 공존과 관련해서 이야기를 해보자면, 저는 共(공)보다는 存(존)이 우선이 되어야 한다고 생각합니다. 우리가 함께 사는 것에 대해서 이야기할 때 '더불어 살기' 쪽에 너무 집중하면 각 사람의 개성이 살아나기 힘듭니다. 각 사람의 자기 색깔, 의견이 분명해지고, 각자의 색깔이 분명해지기 위해서는 存(존)에 관심을 우선 두어야 합니다. 그 이후에, 상대방의 색깔까지도 받아들일 수 있을 때 共(공)이 가능해진다고 생각합니다. 存(존)없이 共(공)만 하려고 한다면, 즉, 같이 더불어 살기만 하려고 하면 좀 각자 불편한 삶이 되는 것 같습니다.

반면, 혁신은 결과입니다. 각자의 색깔이 뚜렷한 상태에서 共(공)이 이루어진다면, 서로의 색깔이 부딪히는 일이 시작하죠. 한참 부딪치다 보면 그 안에서 혁신이 생깁니다. 그래서 혁신은 목적이 아니라 결과에 가까운 것 같아요. 이러한 혁신과 공존에 대해서 우리가 가져야 하는 입장은, 서로 부딪히는 일을 두려워하지 않는 것일 겁니다. 나뿐만 아니라 상대방의 의견이 선명해지는 것에 대해서 무서워하지 말고, 상대방의 입장이나 색깔이 내 안으로 들어왔을 때 각각의 색이 의미가 있음을 파악하는 것이 필요합니다. 그럴 때 혁신이 등장하게 될 것 같다는 생각이 듭니다.

개인적으로 저는 서울대에서 수업하는 일을 정말로 감사하게 생각합니다. 그 이유는 학생들이 제가 답을 쉽게 하기 어려운 '백만 불짜리 질문'을 많이 하기 때문입니다. 지금부터 말씀드릴 일화도 수업 중에 학생에게서 들은 이야기입니다. 제가 맡았던 수업 중에 상담에 미대, 공대 등 다양한 단과대 학생들이 함께 참여한 수업이 있습니다. 그중에 AI 공부를 하고 있는 학생도 있었어요. 그 수업에서도 제가 상담 이야기를 했죠. 의사소통, 공감, 수용 이런 이야기를 하다 보니 그 학생이 '베이지안 모델과도 비슷한데요?'라는 이야기를 하더군요.

베이지안 모델을 간단하게 이야기하면 사건과 관련 있는 여러 확률을 바탕으로 새롭게 일어날 사건을 추정하는 AI이론입니다. 하나의 사건 속에서 AI가 취할 행동을 판단하기 위해서는 주변 상황에서 주어지는 정보를 무조건 100% 진실로 받아야지만 데이터로 쌓이고 알고리즘에 변화가 생깁니다. 사람이 다른 사람과 대화할 때도 마찬가지입니다. 대화를 할 때 내가 상대편의 입장을 80%만 받아들이는 것이 아니라 100% 진실로 받아들여야 나에게 입력이 되고, 상대방에 대한 이해 방식과 인지 구조에 변화가 시작되는 것입니다. 만약 상대방의 입장을 100% 진실로 인정하지 않으면 그저 나의 입장을 고수하겠다는 뜻과 같다는 것이지요.

즉, 사람들이 상대방을 이해하지 못하는 이유는 상대방의 입장을 100% 진실로 받아들이지 않고 자신의 입장을 유지하기 때문일 것입니다. 실제로 주변을 봐도 각자 자기 이야기를 하지 상대방 이야기를 듣지 않는 모습을 종종 볼 수 있죠. 상대방의 이야기를 수용하는 것에 에너지가 정말 많이 들고 힘들기 때문입니다. 100% 진실로 받아들여야 하니까요. 제가 강의할 때, 상담사들이 수용, 공감을 잘해야 한다고 항상 이야기를 하지만, 무척 부담스럽고 어려운 일입니다. 수용과 공감을 통해 공존을 이룩하고, 각자의 프레임이 만나 부딪히며 깨짐이 있어야 하고, 깨진 이후에 다시 새롭게 만들어가는 회복의 과정에서 혁신이 만들어지는 것이 아닐까, 생각해봅니다.

> **본서를 읽으실 분들이 더 잘 이해할 수 있도록 혁신과 공존이라는 키워드와 관련해서 사람들에게 소개해 주실 만한 책이나 논문 추천 해주시면 감사하겠습니다.**

상담 자체가 공존과 관련되었고, 공존을 깊이 탐구하다 보면 서로 부딪히고 깨지는 과정에서 새롭게 되는 이야기가 등장합니다. 그래서 상담 관련 책을 읽어보는 것도 혁신과 공존에 대해 이해할 수 있는 좋은 방법이라고 생각이 들기는 합니다. 아까 잠깐 말씀 드렸던 북한 이탈 주민 연구를 통해 출간된 책과 논문도 우리가 일반적으로 생각하는 공존의 주제를 잘 다룬 것 같습니다.

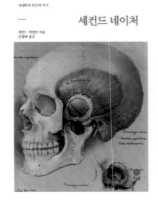

한편, 『세컨드 네이처』라는 책이 있습니다. 이 책은 면역학으로 노벨상을 받은 Edelman이라는 사람이 쓴 책입니다. 의식의 발생과 전개 과정을 설명하고자 하는데,

의식은 상당히 인문학적인 이야기지, 이를 자연과학적으로 설명한다는 것이 참 어렵죠. 이 사람은 자연과학에 대해서 소위 말해 도가 튼 사람이잖아요. 자신이 알고 있는 지식들로 반대편에 있는 의식의 문제라는 물리적으로 잡히지 않는 것을 설명해 보려고 한 결과가 이 책인 것 같아요. 자기가 가진 지식으로 두 영역 간의 대화를 시켜보려고 애를 썼으며, 그 안에서 혁신적인 관점을 제시를 해보려고 시도했던 게 아닌가 하는 생각을 해서, 혁신과 공존이라는 키워드와 잘 어울릴 것 같아 소개해드렸습니다.

3) 마무리

| **학자가 되고 싶은 사람들에게 조언 한 말씀 해주세요.**

　　　　　　　　　　　기왕 놀 때는 좀 놀면 좋겠다는 생각이 들어요. 일처럼 놀지 말고, 잘 놀면 좋겠다. TV도 보고, 여행도 가고, 자기가 원하는 일을 하면서 즐거움이 있는 삶을 살아야죠. 행복하게 살면 좋겠다.

제가 공부만 하는 사람은 아닙니다. 오히려 약간의 게임, 퍼즐 맞추기를 한다고 스스로 생각을 할 때가 있어요. 연구할 때 가설 세우고, 검증하는 과정을 거치죠. 가설은 그동안 가지고 있던 여러 경험 연구의 데이터에서 가져온 예상과 짐작을 통해 세워집니다. 그리고 데이터로 이를 지원하고 검증을 해내가는 과정을 거칩니다. 퍼즐에서 한 조각과 다른 한 조각을 이었을 때 그림이 나타나는 것 같죠. 하나의 게임이나 퍼즐처럼 내가 짐작한 것과 데이터가 맞아떨어졌을 때 조그마한 지식이 하나

생겼다는 것에 대한 즐거움을 조금씩 느끼면서 공부하면 좋겠습니다. 너무 지겹게 공부하지 마시고 행복하게 공부하면 좋겠습니다.

혁신과 공존에 대해 이야기했던 것처럼, 교육학과 내에서 각자의 다양한 색깔을 가진 교수님들이 많습니다. 그렇기 때문에 저희가 의견 교환도 많이 하면서 혁신으로 충분히 이어질 수 있겠다고 생각하고 있습니다. 이처럼 학생들도 각자의 생각을 선명하게 가지길 바라고 다른 사람의 생각이나 아이디어나 관점을 꼭 한번 들어봐 주시면 좋겠어요. 그래서 그 사람의 眞(진)과 나의 眞(진)이 한번 부딪힐 때, 나의 眞(진)을 이야기하는 것도 겁먹지 말고, 다른 사람의 이야기를 들을 때도 나의 것이 무너질 것이라 너무 겁먹지 마세요. 혁신, 새로운 생각, 새로운 회복을 경험할 수 있으니, 너무 겁먹지 말고 각자의 생각, 다른 사람의 생각을 열심히 들여다 봐주시면 좋겠습니다.

현재 서울대학교 교육학과의 교육측
정 및 평가 교수이며, 양적연구방법론,
교육빅데이터분석 분야에 관심을 가
지고 있다.

박현정

교수

통계에 담아낸
교육연구

1) 학자로서의 삶에 대하여

| 교수님의 '학자로서의 정체성'이 궁금합니다.

　　　　　　　　　제 정체성에 대해 많은 고민을 하며 살았던 것 같아요. 제가 통계하는 사람인지 교육학을 하는 사람인지에 대한 정체성의 혼란이 오곤 했습니다. 지금은 교육학자로서의 정체성을 가지고 있어요. 특히 저는 최근 3~4년 동안 '평가'에 관심을 가지게 되면서 오히려 교육학자로서의 정체성이 부각되는 느낌을 받고 있습니다.

저는 교육학적인 문제에 타 학문의 방법론을 어떻게 적용시킬 수 있는지를 고민하는 사람입니다. 단순히 최근 많이 뜨고 있는 머신러닝, 딥러닝 이런 방법론에 관심을 기울이는 데에서 그치는 것이 아니라, 해당 연구를 하는 사람들이 가지고 있는 문제의식과 교육학 분야의 문제의식이 얼마나 부합하는지를 함께 고민하고 있죠.

이는 '융합'이라는 단어와도 깊은 연관이 있는데, 오늘날의 학문 생태계를 잘 대표하는 단어라고 생각합니다. 학문은 각 분과마다 독립적인 연구를 진행했던 과거와 달리, 문제 중심으로 연구의 초점이 변하면서 학문의 경계가 달라지고 있으니까요.

통계학은 방법론에 속하는 학문이기 때문에, 교육학과 관계없이 별도로 존재한다고 생각하기 쉽습니다. 그러나 통계학이 교육 연구에 활용되면서 교육 연구의 데이터 특성이나 교육 연구가 가지고 있는 특정한 문제에 적용이 되기 시작했습니다.

사실, 그릇에 무엇을 담을지 고민 없이 그냥 그릇을 만들게 되면 제대로 만들기 어렵습니다. 이는 통계학에도 동일하게 적용됩니다. 방법론에 대한 트레이닝만 받는다면 독립적인 연구를 하는 것은 어려울 수 있습니다. 그렇기 때문에 새로운 방법론에 대한 관심을 유지하는 동시에 교육학적인 문제에 어떻게 적용할 수 있을지에 대한 문제를 많이 가지고 있어야 합니다. 제 정체성은 이와 같은 고민을 지속하고 있는 사람이라고 정리할 수 있겠네요.

교수님께서 '교육 측정, 평가'를 주 전공으로 선택하신 이유가 듣고 싶습니다.

저는 수학을 좋아해서 처음에는 교육과 관련없이 통계 분야를 공부했었습니다. 그러나 옛날에 스키너가 있었던 미네소타대학교에서 박사 공부를 하게 되면서, 교육과 심리학이 접목된 수업을 듣게 되었습니다. 이로 인해 교육이 삶과 밀접하게 연관되어 있지만 동시에 복잡하고 정의하기 어려운 분야라는 점을 알게 되어 매력적인 학문 분야라는 생각을 하였습니다. 특히, 특정 집단이 아닌 보다 일반적인 대중을 대상으로 한 검사를 개발하고 타당화하는 부분이 매우 흥미로웠습니다. 그러다 보니 자연스레 수리적인 학문과 교육을 융합한 전공을 선택하게 되지 않았나 싶습니다.

교수님의 많은 연구 업적 중 가장 소중하게 여기시는 연구(분야)를 소개해주십시오.

제가 신임 교수로 재직 중이던 때, 이종재 교수님과 함께 사교육에 대한 연구를 진행한 적이 있습니다. 그 당시 우리나라 교육계에서는 사교육이 큰 이슈였으며, 다른 학문 분야 학자들도 사교육 관련 연구를 하시는 시기였고, 경제학에서는 경제학적인 논리로, 행정학에서는 행정학적인 논리로 사교육을 바라보는 관점이 함께 섞여 있었습니다.

이 연구에 참여하기 전까지 스스로 돌아보건대, 교육학자로서 부족한 면이 많았던 것 같습니다. 단지 통계와 통계적 기법에 매몰되어 있는 연구자에 불과했으니까요. 하지만, 이 연구를 통해 통계적 지식뿐만 아니라 교육학적인 문제와 그 문제의식에 맞는 연구 방법을 고민할 수 있게 되었습니다. 또한, 다양한 학문 분야에서도 비슷한 문제의식을 가지고 각기 다른 방법론을 사용하고 있음을 알게 되었습니다.

교육행정 분야에서 활동 중인 교수님과 함께 연구를 하면서 교육학에 대한 시각을 확장할 수 있었기 때문에, 개인적으로 타 학문 사람들과 함께 연구하는 것을 권장하는 편입니다. 다양한 학문 분야에서 서로 다른 문제의식과 방법론이 존재하기 때문에, 다른 분야의 연구자들과 함께 연구하면 서로 다른 시각에서 문제를 바라볼 수 있는 성장의 기회가 될 수 있다고 생각합니다.

> **교수님께서 최근 관심 가지고 계시는 연구 분야에 대한 소개도 함께 부탁드립니다.**

빅데이터 분석에 대해 관심을 갖고 계속 공부를 하고 있습니다. 그런데 공부를 하다보니 설문조사와 같은 교육 분야의 데이터가 머신러닝 혹은 딥러닝과 같은 빅데이터 분석에 항상 적합하지만은 않은 것 같다는 생각을 조금씩 하게 되었어요. 전통적인 통계분석 방법과 비교했을 때 크게 다르지 않았기 때문입니다. 그렇게 고민을 하고 있던 중 로그 데이터를 대상으로 하는 빅데이터 분석에 눈을 돌리게 되었습니다.

지금까지의 평가는 학생들을 점수로 평가하는 방식이었지만, 최근 크게 변화하고 있죠. 이제는 수업 중간에 평가가 이루어지고 수업과 평가가 구분되지 않도록 평가가 이루어지면서, 학생들은 즉각적인 피드백을 받아 더 효과적으로 학습할 수 있습니다. 이러한 방향성에서 로그데이터 분석이 도움이 되는데, 컴퓨터 기반 평가에서는 정답을 도출하는 과정을 확인할 수 있으며, 이 과정을 분석하고 유형화하면 가장 최적화된 피드백을 제공하는 데 기반 데이터를 제공할 수 있기 때문입니다.

최근 PISA 등에서 컴퓨터 기반 평가 과정 로그 데이터가 공개되는 등 변화가 이루어지고 있죠. 옛날과 다르게 최근 로그 데이터는 많은 정보를 갖고 있어서 단순히 문제를 맞고 틀리고를 떠나 문제를 푸는 과정에 대한 세부 분석이 가능해졌습니다. 우리나라에서도 국가수준 학업 성취도 평가가 컴퓨터 기반으로 작년부터 시행이 됐는데, 로그 데이터 분석을 통해 새로운 형태의 평가가 가능하리라 기대하고 있습니다.

2) 혁신과 공존에 대하여

혁신과 공존이라는 단어에 대해서 교수님께서 어떻게 생각을 하고 계신지 인사이트를 얻고 싶습니다.

저는 새로운 방법론을 연구하는 입장에서, 혁신이란 새로운 도구를 어떤 새로운 주제에 적용하는 것이라고 생각합니다. 대학원 연구 방법론 수업을 가르치다 보니, 통계적인 지식이 부족한 학생들에게 통계를 가르쳐야 하는 경우를 종종 맞이

합니다. 비록 통계의 기초조차 모르지만 대학원생으로서 연구 방법론을 배워야 하는 상황에서 반드시 기초통계부터 가르쳐야 하는 상황입니다. 이때 수업은 통계 전공 학생들이 듣는 수업과는 큰 차이가 있습니다. 다른 배경지식을 가진 학생들이 새로운 방법론을 배워서 자신의 학문 분야에 적용할 수 있을 만큼 성장시키는 데 초점이 맞춰져 있죠. 이를 위해서는 타 학문분야의 핵심적인 개념을 이해하고 다른 영역에 적용하는 것, 그것이 혁신의 한 부분이라고 봅니다.

공존은 누구도 소외되지 않는 교육을 만드는 방향에서 이야기할 수 있을 것 같습니다. 기존의 줄세우기 방식의 교육에서 벗어나 점차 기초학력 미달인 학생들도 기초학력을 보유할 수 있도록 도와주는 노력이 이루어지는 것을 공존이라 볼 수 있겠죠. 제 연구 분야와 관련지어 설명을 해보자면, 학업 탄력성이 있는 학생들의 특징을 머신러닝 방법을 활용하여 분석한 후, 학교수준에서 어떠한 노력이 필요할지에 대한 시사점을 제공할 수 있죠. 이를 통해 학업 탄력성이 낮은 학생이 적절한 지원을 받아 성장할 수 있도록 도울 수 있습니다. 이런 연구가 공존의 측면을 띤 연구라고 볼 수 있으리라 생각합니다.

> **'혁신과 공존'을 더 깊게 이해하는 데 도움이 되는 책이나 논문을 추천해주실 수 있을까요?**

앤디 필드의 『Discovering Statistics Using SPSS』이라는 책이 떠오릅니다. 굉장히 두꺼운 책이지만 그만큼 굉장히 재밌는 책입니다. Statistics의 S도 모르는 사람들부터 읽을 수 있도록 친절하게 설명된 책이에요. 새로운 방법론과 기존의 방법론들을 함께 다루고 있기 때문에 '혁신'이라는 키워드와 연관성이 있을 것

서울대 교육학과 교수와 혁신과 공존 교육을 이야기하다

으로 생각되며, 통계학을 처음 접하는 사람들도 이해하기 쉽게 구성되어 있어, 기존에는 통계학을 배울 수 없었던 사람들도 쉽게 접근할 수 있도록 함으로써 공존의 개념을 포함하고 있습니다.

또 다른 책은 『Methods matter: Improving causal inference in educational and social science research』입니다. 제가 번역한 몇 안되는 책 중 한 권인데요, 이 책은 제 고민의 해답을 담고 있는 책입니다. 단순하게 방법론이 방법론으로 사용되는 것으로 그치는 것이 아니라, 교육 문제랑 연결지어 좋은 연구를 만들어야 한다는 주장을 담고 있어요. 좋은 연구를 위해 방법론이 왜 중요한지, 어떤 방법론을 적용하는 게 중요한지 등, 연구자들에게 질문을 던지고 있는 책인만큼, 내용이 쉽지는 않지만 꼭 학생들에게 추천해주고 싶었던 책이었습니다.

3) 마무리

| 학자가 되고 싶은 사람들에게 어떤 조언을 해주고 싶으신가요?

기초가 가장 중요합니다. 이 부분은 전공 분야 상관 없이 동일하게 이야기할 수 있을 것 같아요. 기본적인 것에 시간을 많이 투자하라는 이야기를 드리고 싶습니다. 대학원에서는 실적을 빠르게 내야 한다는 부담감으로 조급해질 수 있지만, 우리는 장기적인 목표를 가진 마라톤 경쟁에 참여하고 있는 만큼 기초를 확실히 다지는 것이 중요합니다.

최근 빅데이터 분석, 머신러닝 등 많은 새로운 및 매력적인 방법론들이 등장하고 있습니다. 이들이 새롭게 느껴지기는 하지만, 사실 과거의 전통적인 방법에 대한 이해를 기반으로 발전한 것이기 때문에, 근본적으로 새로운 것은 없다고 할 수 있습니다. 그만큼 기초적인 지식이 없으면 새로운 것을 배워도 제대로 이해하지 못할 것입니다. 알파벳을 모르는 사람에게 영문법을 가르치는 것과 같은 상황이죠.

학생들 중에는 새로운 것을 배우고자 하는 동시에 기초적인 공부를 하기 싫어하는 경향이 있어요. 하지만 기초를 모르고 새로운 지식만 추구한다면, 정작 문제가 발생했을 때 그 원인을 파악하지 못하는 일이 생길 수 있습니다. 그래서 기초가 매우 중요하며, 조급한 마음을 버리고 기초 학습에 시간과 노력을 투자하는 것을 다시 한 번 강조하고 싶습니다.

BAEK SUNGEUN

현재 서울대학교 교육학과 교수이며,
학생평가, 교육프로그램평가, 교육측정
도구개발, 미래 핵심역량 진단 및 교육,
교육 연구 방법 및 통계분석 등에 관심
이 있다.

백순근
교수

미래 지향적
비전을 세워야

1) 학자로서의 삶에 대하여

> **교수님은 본인의 학자로서의 정체성을 어떻게 생각하시나요?**

학자, 특히 교육학자로서 자기 자신이 교육적으로 되기 위한 노력을 하고, 교육적으로 되고 싶어 하는 사람들을 지원해주고 도와주는 사람이어야 한다고 생각합니다. 특히 '교육'이라는 단어의 특성으로 인해, 더 선하고, 자신이나 사회에 발전이나 성장과 발전을 추구하는 사람이어야 합니다. 먼저 스스로 그렇게 된 후, 그렇게 되고 싶은 사람을 지원해주고 도와주고 하는 사람이어야 합니다. 이것이 바로 제가 생각하는 교육학자이자, 제 모습이어야 하지 않을까 생각합니다.

> **교수님께서 '교육평가'라는 연구 주제를 선택하신 이유가 듣고 싶습니다.**

'교육평가'라는 주제가 옛날부터 있었던 것은 아닙니다. 교육학이라는 큰 전공 안에, 다양한 전공들이 있죠. 철학, 역사 등과 같은 전공과 달리, 평가는 교양 과목에서 흔히 볼 수 없는 전공이었던 것 같습니다. 그래서 평가가 교육이라는 분야를 조금 더 깊이 들여다볼 수 있는 전공 분야라고 생각해서 평가를 선택했던 것 같습니다.

또한, 교육평가를 연구 주제로 선택하게 된 또 다른 계기가 있습니다. 예전에 제가 대학 다닐 때는 교육학과를 졸업하면 윤리 교사 자격증을 줬습니다. 윤리 선생님은 보통 가치의 문제를 다루게 되며, 가치를 따져서 값을 매기는 것이 중요한 부분입니다. 결국 이것이 평가이니까, 당시의 교사 자격증과 관련되는 가치의 문제를 가장 깊이 있게 다루는 분야가 평가라고 생각해서 좀 더 관심을 뒀던 것 같습니다.

사람들은 흔히 평가를 양적인 것으로만 생각하는 선입견을 가지고 있습니다. 하지만 기본적으로 누군가의 결과물을 양적으로만 평가하는 것은 사람들에게 받아들여지기 어렵습니다. 이를 위해 양적으로 평가한 결과물을 다시 질적으로 서술하는 과정이 필요합니다. 예를 들어 '이 사람은 창의적이고 독창적이다'라고 평가해야하지, '이 사람은 몇 점이다'라고 이야기하는 것은 기본적으로 교육의 본질에도 벗어나는 일입니다. 따라서 데이터를 다룰 때, 양적인 데이터 외에도 질적인 데이터를 융합적이고 통합적으로 봐야 합니다. 평가의 의미가 '가치를 따져 값을 매긴다'는 의미를 가지고 있는데, 이런 의미에서도 평가는 양적인 데이터와 질적인 데이터를 함께 고려하여 현명한 의사결정을 하기 위한 기본적인 연구 분야라고 할 수 있습니다. 이러한 평가의 성격이 저에게 큰 매력으로 다가왔습니다.

교수님께서 많은 연구들을 해오셨을 것 같은데 그 중에서 제일 기억에 남는 연구에 대해서 말씀 부탁드립니다.

어느 손가락 하나가 안 중요하겠습니까. 제 손을 거친 모든 연구들이 기억에 남습니다. 그 중에서 굳이 고른다면, 수행평가와 같은 질적인 측면을 강조하는 평가가 기억에 남고, 또 컴퓨터를 활용한 개별 적응 검사 맞춤형 검사(computerized adaptive testing) 분야가 참 기억에 남습니다.

정책적인 측면에서 보면, 다양한 형태의 대학 입시, 학교나 교육청, 대학과 같은 기관 평가 전반적인 부분에 대해 그동안 기초도 많이 닦

왔죠. 평가 전공이 원래부터 있었던 전공이 아니라, 체계화하면서 내용도 가다듬고, 영역도 확장해 나갔습니다. 흔히 학생 평가에 초점이 맞추어져 있었다면, 더 나아가 수업평가, 교사평가, 교육과정 평가, 기관평가, 정책평가 등 평가의 실질적인 영역을 다시 규정하고, 그 노하우들을 구체적으로 정리하는 작업을 지난 30년 동안 주로 해왔습니다. 지금은 누구나 흔히 듣고 이야기하는 대부분의 교육평가 개념들이 제가 연구 활동을 하는 도중에 만들어졌고, 그 개념들이 평가의 영역에서 정착되어 가는 과정을 봐왔다는 점에서 보람을 느낍니다. 물론, 지금까지도 정착이 안 된 개념들이 있어서 여전히 연구는 지속되어야 합니다. 그렇게 제가 지금껏 해온 연구들을 종합해서 '제일 기억에 남는 연구'에 대한 답을 한다면, 교육 현상이든 개개인의 특성이든, 현상황이나 수준을 정확하게 진단하고 그에 적절한 처방을 하는 것이라고 넓게 대답할 수 있을 것 같습니다.

2) 혁신과 공존에 대하여

> **우리 교육 연구 사업단의 '혁신과 공존'이라는 키워드가 선생님께는 어떤 의미를 가지고 있나요?**

시간을 예로 들어볼까요. 사실 시간은 끊임없이 흘러간다는 점에는 모두가 동의를 할 거예요. 그런데 시간은 어디서 어디로 흐를까요? 우리나라 사람들은 좌측에서 우측으로 흘러간다고 생각합니다. 우리가 글을 좌측에서 우측으로 읽고, 쓰기 때문입니다. 그런데 옛날 사람들은 글을 우측에서 좌측으로 썼기 때문에 우측에서 좌측으로 흘러간다고 생각한 경향도 있었다고 해요.

이번에는 강을 예로 들어보겠습니다. 세계적으로 큰 강들은 서쪽에서 동쪽으로 흘러가는 게 일반적입니다. 예외도 있지만, 기본적으로 지구가 동쪽으로 돌기 때문에 큰 강들이 주로 서쪽에서 동쪽으로 흘러갑니다. 이처럼 환경에 따라서 생각하는 것이 달라지고, 환경에 맞게 자연스레 움직이는 것들이 생깁니다. 움직여지고 있다 생각하며 이에 따라 움직이는 것이 일종의 적응의 개념이라고 볼 수 있고, 만약 이 움직임을 만들고 창조해 나간다면 혁신의 개념이 될 것입니다.

시대가 흘러가는 것을 단순히 따라가는 게 아니라, 이를 선도하고 새로 만들어가는 것이 바로 혁신의 기본적인 의미일 것입니다. 한편, 혁신의 움직임을 만들어가는 과정 중에서 독불장군처럼 움직여서는 안 되고 모두 함께 가야하며, 모두가 혁신의 혜택을 누려야 한다는 공동체적인 아이디어가 공존의 아이디어라고 할 수 있을 겁니다.

혁신과 공존은 인간뿐만 아니라 지구 생태계 전체를 합쳐서 지속 가능한 성장 발전을 하면서 여전히 다양성도 추구할 수 있는 좋은 키워드라고 생각을 합니다. 즉, 혁신이란 급변하는 환경에서 적응하거나 보다 나은 환경을 새롭게 조성하기 위한 미래지향적 변화이고, 공존은 협력과 상생을 위한 배려와 나눔의 공동체주의의 개념이라 생각합니다.

혁신과 공존에 관련해서 사람들에게 인사이트를 줄 수 있는 책이나 논문을 추천해주실 수 있을까요?

이미 다 알고 있지 않을까 싶기는 합니다. 제가 혁신과 관련해서 소개해드리고 싶은 책은 『클라우드 슈밥의 제4차 산업 혁명』입니다. 2016년에 다보스 포럼에서 이야기한 내용을 바탕으로 만든 책인데, 이 책을 꼼꼼히 읽어보는 것이 필요하다고 생각해요. 이 책에서 주는 교육적인 인사이트도 많고 시대적인 변화에 대한 나름의 큰 디자인을 했다고 생각을 하기 때문에 저는 그 책을 혁신의 개념으로서 많이 읽어봤으면 하는 바람입니다.

공존에 대한 개념은 카프라의 『생명의 그물』이라고 하는 책이 잘 설명을 하고 있다고 생각합니다. 이 책이 90년대에 나왔으니까 조금 오래 됐지만, 이보다 더 공존의 개념을 잘 체계화한 게 있을까 싶습니다. 심층 생태학이라는 개념으로, 인간과 동물, 자연적인 많은 식물과 무생물 전체가 네트워크로 연결되어 있다고 설명합니다.

이는 교육적으로도 좋은 시사점을 제공합니다. 예전에는 교육이란, 교수자가 학습자에게 전달을 하면, 학습자가 이를 받거나, 받지 않거나, 대충 받거나 중 하나였습니다. 가르치는 내용이 객관적으로 존재하고 있었죠. 그러나 네트워크의 개념으로 보면, 교수자가 학습자에게 무언가를 전달한다고 해도, 학습자가 받는 방식은 그 사람의 독자적인 영역이기 때문에 절대 동일한 것이 전달되지 않습니다.

내가 생각하는 것과 상대방이 생각하는 것 사이에 모종의 복합적인 형태가 있어서 그대로 전달이 되지 않는 것이지요. 두 사람 사이 관계 뿐 아니라 옆에 있는 또 다른 주체의 영향력이 함께 움직이기 때문에 이를 모두 고려해야 하기에 복잡할 수밖에 없습니다. 이를 복잡계라고 하는데, 결국 교육이라는 행위를 피라미드처럼 단순하게 표현하려고 하면, 진정한 의미의 공존이 성립되지 않아 지속 가능하지 않을 수밖에 없습니다. 이러한 개념들이 좀 강하기 때문에, 이 책을 통해서 교육의 상호작용 공동체 의식, 공존이라는 키워드를 읽을 수 있지 않을까 기대합니다.

3) 마무리

| 학자가 되고 싶은 사람들에게 어떤 조언을 해주고 싶으신가요?

기본적으로 많은 사람들이 과거에 얽매여서 미래 지향적으로 살지 못하는 일들이 너무 많은 것 같아요. 제 모토 중 하나가 '지난 일은 반성(성찰)은 하되 후회는 하지 말자'입니다. 모두 과거에 얽매이지 않고 살았으면 좋겠어요. 미래 지향적으로 살았으면 합니다. 미래는 자기가 계획하고 설계하고 만들어가고 노력하는 사람에게 오는 거지, 그냥 가만히 있으면 다가올 거라고 생각하는 사람에게는 절대 미래는 오지 않습니다.

언제나 준비하고 설계하고 노력하고 미래를 성취하기 위해 먼저 비전을 다시 설정해야 합니다. 이를 다른 말로 다시 풀면, 공부의 목적을 명확히 찾았으면 좋겠습니다. 비전을 설정하면, 어떻게 성취할지 디자인하고 노력할 수 있죠. 체계적인 노력을 성실하게 수행하면서 그 결과를 성찰하되, 후회하지 않는 이러한 과정이 지속적으로 순환할 것입니다. 이러한 순환이 미래 지향적이었으면 좋겠습니다.

또한, 이러한 길을 걸어간 스승을 가슴에 품었으면 좋겠습니다. 스승은 미지의 세계에 대한 경험 많은 안내이자 망망대해의 등대와 같아서 믿고 따르기만 하면 반드시 자신이 원하는 곳으로 찾아갈 수 있다는 이야기를 꼭 드리고 싶습니다. 이러한 스승이 바로 옆에 계신 교수님들일 수도 있으며, 책 속에서 발견할 수도 있습니다. 책이란 인간이 살아가면서 어쩔 수 없이 부딪히는 시간과 공간의 한계를 초월하여 인류의 위대한 스승이나 좋은 친구를 만날 수 있는 열린 광장이며 개개인의 삶을 풍요롭게 하고 행복한 성공을 달성하도록 하는 지름길이기 때문입니다.

마지막으로 여행을 많이 다니라는 이야기를 해주고 싶습니다. 나무는 평생을 한 자리에서 살기 때문에, 나무를 둘러싼 주변의 주어진 환경이 곧 나무의 현실이자 미래에 그칩니다. 하지만 사람은 여행을 하면서 넓은 세상을 만나고 자신을 깨우칠 수 있습니다. 스스로 환경을 변화시키면서 미래 또한 바꿀 수 있죠. 그래서 여행을 한다

는 것은 인간을 인간답게 하는 매우 소중한 일입니다. 많이 배우고, 많이 다니며, 많이 성장하셨으면 좋겠습니다. 그 외, 제가 하고 싶은 이야기는 『백교수의 백가지 교육이야기』에 있으니, 관심 있으시면 읽어보시면 좋겠습니다.

SO KYUNGHEE

현재 서울대학교 교육학과의 교육과
정 전공 교수이며, 교육과정 이론 및
개발, 교사 정체성, 사회-물질적 접근
등에 관심을 가지고 있다.

소경희

교수

공존을 위한
교육연구

1) 학자로서의 삶에 대하여

> **교수님의 '학자로서의 정체성'이 궁금합니다.**

먼저, 저는 교육과정 연구자로서의 정체성을 갖고 있습니다. 교육과정 연구에는 이론적인 측면도 있고 실천적인 측면이 있습니다. 저는 이론과 실천 모두에 다 관심이 있어요. 그 기저에는 다양한 관점으로 교육과정 현상을 바라보고자 하는 연구자라는 정체성이 있습니다.

또 한 가지 정체성은 교수자, 즉 가르치는 사람으로서의 정체성입니다. 수업도 하고 학생들의 논문을 지도하는 것이 제 중요한 역할 중의 하나인데요, 이를 위해 저는 제가 배운 것을 잘 가르치는 것도 중요하겠지만, 빠르게 변화하는 학문 동향이나 교육 현상을 계속 공부해서 가르치는 것도 중요하다고 생각합니다.

끊임없이 공부하는 일이 쉬운 일은 아니죠. 동일한 과목에 대해 매번 새로운 내용의 강의를 하려면 계속 공부하지 않으면 불가능합니다. 그러나 공부를 통해 내가 배운 것뿐만이 아니라 좀 더 새로운 것을 학생들에게 알려주고자 노력해야 할 필요는 분명히 존재한다고 생각합니다. 그래서 끊임없이 공부하는 사람으로 저를 규정하고 싶습니다.

> **교수님께서 '교육과정'을 주 전공으로 선택하신 이유를 듣고 싶습니다.**

학부 때 들은 교육과정 수업에서 이홍우 선생님의 교재를 사용한 적이 있습니다. 당시에 교육과정 탐구, 교육의 목적과 난점 등의 책을 수업 시간에 다뤘는데요, 학기가 마무리 된 이후에도 이홍우 선생님이 쓰신 많은 저서를 읽고 심지어 따라

쓰기까지 할 정도로 상당히 심취했었던 기억이 납니다. 정말 좋은 글이었거든요. 저도 그렇게 글을 쓰고 싶고 그 논리를 따라가기 위해서 처음에는 실제로 몇 단락씩 좀 따라 써보는 등 모방으로부터 공부를 시작했던 것 같습니다. 그렇게 자연스레 이홍우 선생님이 쓰신 책의 주제인, 교육과정이라는 분야에 주목하게 되었습니다.

이후에도 교육과정 분야는 상당히 저에게 매력적인 분야로 다가왔다는 생각이 들기도 합니다. 대학원에서 뵌 교수님의 영향도 컸는데요, 이 분야를 주제로 공부하면, 앞으로 저도 그런 매력적인 글을 쓸 수 있겠다는 생각이 들게 되었습니다. 제 지도교수님을 포함한 대가들의 매력적인 글을 읽으며 점차 교육과정이 가지는 학문적 매력에 매료되었네요.

교수님의 많은 연구업적 중 가장 소중하게 여기시는 연구(분야)를 소개해주십시오.

교육과정 분야는 상당히 실천적 혹은 종합적인 학문입니다. 다른 학문과 다르게 모학문이 없기에 다양한 분야를 종합적으로 보게 되죠. 그만큼 '교육과정'이라는 단어가 뜻하는 바도 다양해요. 학교에서 가르쳐주는 내용도 '교육과정'이고, 교수 학습 현장 자체도 '교육과정'입니다. 그만큼 다양한 교육 현상들을 읽어내야 하기에 저는 교육과정 현상 혹은 교육 현상에 대해서 여러 가지 이론적인 관점을 갖고 연구하는 것에 강조점을 두고 있습니다.

또한, 눈에 보이는 것뿐만이 아니라 그 이면에 작동하는 여러 가지 정치적인 모습들을 비판적으로 보는 안목을 가져야 하는 연구를 하고 있으며 앞으로도 지속할 예정입니다. 현상을 여러 가지 관점으로 읽어내는 연구와, 현상 이면을 비판적으로 좀 파헤쳐볼 수 있는 연구들이 특히 교육과정 분야에서는 상당히 소중한 연구라고 생각하고 있습니다.

먼저, 제 연구를 이야기할 때 국가 교육과정과 관련된 개발 연구를 빼놓고 설명할 수가 없는데요, 우리나라 같은 경우에는 국가 교육과정이 상당히 강력하게 학교 현장에 영향을 미치고 있죠. 그래서 서구의 교육과정 분야는 이론적인 분야가 강한데 우리나라 같은 경우에는 이제 국가 교육과정이 건재하기에 국가 교육과정과 관련된 개발 연구를 기본적으로 많이 하고 있습니다. 저 역시 과거에는 국가 교육과정 개발에도 많은 관심을 가져왔죠. 그러나 최근으로 올수록 관심사를 조금 바꾸어서 실천적인 현상에 주목하고 있습니다. 국가 교육과정을 만들어도 교사들이 이를 학교 현장에서 실천할 때, 그대로 실천하지 않는 것을 볼 수 있습니다. 예를 들어, 역량 중심 교육과정 혹은 자유학기제 등 학교 현장에서 시행되는 정책들을 모든 교사가 주어진 대로 똑같이 실천하지 않거나 교사마다 서로 다르게 이해하고 실천하는 모습을 볼 수 있습니다. 저는 교사들의 '행위 주체성'이라는 용어로서 이러한 현상을 개념화하고 있습니다. 국가에서 제공하는 교육 정책에 대해 교사들이 나름대로 해석하고 번역하고 나름의 의미를 담아 실천하는 모습들인 것이지요. 그대로 따를 수도 있지만 저항할 수도 있고, 거부할 수도 있고, 침묵할 수도 있고, 겉으로만 따라가는 모습 등으로 다양하게 나타나게 됩니다. 그래서 다양한 교사들의 행위 주체성이 나타나는 부분들과 이에 영향을 주는 학교 환경적인 요인, 제도적인 요인이 무엇인지 실제 교사 인터뷰를 통해 파악하는 등, 많은 현장 연구를 하고 있습니다.

다른 또 하나의 연구는 BK21 사업단과 관련이 있습니다. 저는 공존과 관련된 연구팀에 소속되어 있습니다. 공존의 측면에서 저는 특별히 인간과 비인간의 공존에 대해서 관심을 갖고 있습니다. 오늘날의 사회가 포스트 휴머니즘 사회이고 필연적으로 기계와 관련을 맺으며 살아갈 수밖에 없듯, 이미 생활 속에 비인간이 공존하고 있죠. 여기서 비인간이라고 하는 것은 환경, 공기, 기계 등 인간이 아닌 모든 것들을 지칭하는 것이라고 할 수 있습니다. 교육의 장면에서도 이미 인간과 비인간은 공존하고 있죠.

그래서 저는 인간과 비인간의 공존 현상과 함께 비인간과의 공존 속에서 인간이 어떻게 비 인간과 관계를 맺어가야 하는지 고민하고 있습니다. 이와 관련한 핵심 이론들로는 신유물론 혹은 신물질주의와 함께 ANT(Actor-Network Theory)가 있습니다. 어떤 하나의 현상을 여러 가지 인간-비인간들이 서로 얽혀 있는 하나의 네트워크로 보는 것이지요. 여러 교육과정 현상을 인간과 비인간 간 공존의 모습으로 보고 연구를 수행하고 있다고 보시면 좋을 것 같습니다.

2) 혁신과 공존에 대하여

혁신과 공존이라는 단어에 대해서 교수님께서 어떻게 생각을 하고 계신지 인사이트를 얻고 싶습니다.

BK21 사업단에는 혁신에 초점을 둔 팀이 있고 공존에 초점을 둔 팀이 있는데, 혁신과 공존은 서로 맞물려 있다고 볼 수 있습니다. 먼저, 혁신은 급속히 변하고 있는 시대 속에서 자기 자신의 변화부터 시작하여 기존의 틀을 변화시켜 새로운 사회에 대응하고 선도할 수 있다는 의미를 담고 있습니다. 한편, 공존은 변화하고 있는 사회 속에 존재하는 다양하고 이질적인 것들 간의 공존적 관계에 주목합니다. 인간 간, 인간-비인간 간 다양한 관계가 존재하는 가운데, 이러한 관계를 어떻게 형성해야 할 것인가, 관계 속에 있는 나는 누구인가, 인간은 어떤 주체성을 가져야 하는가 등의 문제를 다룰 수 있습니다. 혁신과 공존이라는 이 두 가지 개념은 변화하는 사회, 다양성을 내포한 사회라는 전제를 공유한다는 점에서 맞물려 있습니다. 이 두 개념을 통해 변화 속에서 갈등을 일으킬 수 있는 여러 요소에 대해서도 생각해 볼 수 있어야 합니다. 이 부분이 우리가 혁신과 공존에서 주목해야 할 부분이 아닐까 하는 생각을 해보았습니다.

> **'혁신과 공존'을 더 깊게 이해하는 데 도움이 되는 책이나 논문을 추천해주실 수 있을까요?**

제가 2021년부터 '인간과 비인간의 공존'과 관련한 강좌를 열면서 여러 글을 읽게 되었는데요, 먼저 홍성욱 선생님이 엮으신 『인간·사물·동맹-행위자네트워크 이론과 테크노사이언스』를 추천드리고 싶습니다. 브뤼노 라투르의 ANT(Actor-Network Theory)에 대한 관련 연구물들을 소개한 내용을 엮어놓은 책으로, 인간과 비인간의 관계에 주목해야 할 이유, 이렇게 인간과 비인간의 관계에 대한 연구를 할 때, 우리가 참고할 수 있는 여러 가지 관점과 이론을 확인해볼 수 있습니다. 논문으로는 김환석 선생님의 『사회과학과 신유물론 패러다임: 사회학 분야를 중심으로』를 추천드립니다. 인간-비인간의 관계를 이해하려면 신유물론에 대한 관심이 필요한데, 우리나라에서 특히 이를 잘 소개하고 계신 분이라는 생각이 듭니다.

서울대 교육학과 교수와 혁신과 공존 교육을 이야기하다

인간과 인간 간의 관계에 대해서는 김현경이라는 분이 쓰신 『사람, 장소, 환대』라는 책을 재밌게 읽은 적이 있습니다. 학술적인 책은 아니고 쉽게 읽을 수 있는 책인데 이것도 한번 가볍게 읽을 수 있을 것 같아 소개해드립니다. 사람이 사람답게 대접받고 평등하게 대우를 받는, 즉, 평등하게 소외되지 않는 세상을 만들기 위해서는 그 사람이 거주할 수 있는 장소가 있어야 한다는 내용입니다. 대표적인 예시로, 다문화 아이들도 우리나라에서 환대 받기 위해서는 이들이 편안하게 거주할 수 있는 장소가 있어야 한다는 거죠. 사람과 장소가 연결되어 있어야 하며, 그런 장소를 내주는 것이 환대입니다. 철학적으로는 데리다의 '환대(hospitality)' 개념에 의존하고 있습니다. 어느 날 카페에서 쭉 앉아 읽었는데 상당히 공감이 되는 부분이 있었습니다. 우리 일상생활 속에서 타인과의 관계를 어떻게 할 것인가에 대한 통찰을 주는 책이라 추천해드리고 싶었습니다.

3) 마무리

| **학자가 되고 싶은 사람들에게 조언 한 말씀 해주세요.**

　　　　　　　　　대학원생 학생들을 많이 만나다 보니, 이 부분과 관련해서는 상당히 할 말이 많습니다. 먼저 일단 자기 분야 공부만 해서는 안 돼요. 이는 제 경험과도 밀접한 관련이 있는데, 최근 사회 흐름을 볼 때, 해당 현상을 설명해줄 수 있거나 제대로 읽어낼 수 있는 관점이나 이론이 제가 배운 이론 속에는 없었습니다. 그래서 다른 문헌들을 많이 찾아 읽을 수밖에 없게 되었고, 그 과정에서 위에서 언급한 신유물론, 환대 등의 개념을 접할 수 있게 되었습니다. 꼭 교수이기 때문이 아니라, 학생들도 마찬가지입니다. 지금의 교육현상, 우리의 교육문화를 읽어내기 위해서는 우리 분야만 가지고는 해결이 안 됩니다. 교육학 안에서도 교육과정만 공부해서는 안 되고, 여러 분야를 공부해야 합니다. 즉, 다학제적 공부가 좀 필요하다는 말씀을 드리고 싶습니다. 틈새 시장이라는 표현이 있죠. 기존의 학문 분야가 놓치고 있는 부분을 발견하기 위해서는 틈새를 찾아 볼 수 있어야 하며, 이를 위해서는 자기 분야를 넘어선 다른 분야의 공부가 필요합니다. 개인적으로는 여러 가지 철학 공부, 사회-문화에 대한 공부가 이루어질 필요가 있지 않나 싶어요. 특히 교육학은 기본적으로 종합 학문의 성격을 띄고 있다 보니 더더욱 다학제적인 공부가 필요하다는 점이 첫 번째 하고 싶은 말입니다.

　　두 번째로, 자신의 전공 분야의 저명한 국제저널을 정기적으로 읽는 것을 추천드립니다. 그렇게 해야지만, 학문적인 동향을 따라가고 국내에서 해당 분야의 학문을 선도할 수가 있습니다. 국제적인 저널 최근 2~3년 것 몇 개만 읽어 봐도 뚜렷한 흐름이 보이거든요. 학생들도 자기 분야의 저명한 국제저널들을 읽으면서 흐름을 탐색하는 작업을 하게 되면 선도적인 연구자가 될 수 있지 않을까 생각합니다.

세 번째로, 스터디 그룹 참여를 권고합니다. 이 모든 것을 혼자 다 할 수가 없죠. 여러 저널의 아티클을 읽으려면 함께 해야 할 것입니다. 자신이 스터디 그룹을 만들거나 친구들이 만든 스터디 그룹에 참여해서 여러 주제를 나누어 읽고 서로의 관점을 나누는 시간을 가지셨으면 좋겠습니다. 저는 지금도 학생들과 대화하다 연구 주제가 생성될 때를 많이 경험하곤 하는데요, 그만큼 함께 공부하는 기회를 많이 가지면 좋겠어요.

네 번째로 드리고 싶은 말씀은 '공부만 하지 말고 연구하자'입니다. 공부와 연구는 조금 다른데, 연구란, 하나의 주제를 잡아 해당 주제에 대해 집약된 글을 쓰는 일을 말하지요. 많이 읽고 공부한 것들을 특정한 연구 주제에 초점을 맞추고 꿰어서 논리적으로 글 쓰는 게 연구입니다. 저 역시 대학원 시절에는 공부를 많이 한 것 같아요. 관심사가 다양해서 많은 책을 읽고 많은 문헌을 읽었던 기억이 납니다. 그런데 연구를 많이 못 했던 것이 아쉽습니다. 당시 문화도 한몫했지만, 논문을 써서 발표할 기회를 많이 갖지 않았던 것 같아요. 공부만 하면, 머릿속에 담아둔 지식이 그저 산만한 상태로 남아있게 됩니다. 특정한 주제를 가지고 심층적으로 깊이 있게 글을 쓰는 경험을 반드시 해보아야 해요. 더 나아가 연구한 것을 국내외 학술대회에서 발표해봐야 합니다. 발표를 하게 되면 본인의 생각이 더욱 분명해지게 됩니다. 또 다른 사람의 의견을 들을 기회도 갖게 되고요. 그래서 국내외 학술대회에서 발표할 기회를 많이 가지셨으면 좋겠습니다.

마지막으로 정신과 몸을 관리하기를 강조해 드리고 싶습니다. 공부는 상당히 긴 과정이고 개인적으로 육체노동이라는 생각이 듭니다. 공부하는 사람들의 가장 큰 특징이 오랫동안 의자에 앉아 있는 일인데, 계속 앉아 있는 게 쉽지가 않아요. 어깨도 아프고 허리도 아프죠. 오래 앉아 있을수록 깊이 있는 공부를 할 수 있고 분명 희열도 있지만, 정신적으로 힘들 때도 많죠. 그렇기에 더더욱 정신과 몸을 관리하는 것이 정말 중요하다고 봅니다. 공부는 오랜 기간 꾸준히 해야 하기에 여가를 즐기는 것을 아까워하지 않으셨으면 좋겠어요. 대학원 시절에 친구들과 정기적으로 산행을 가기도 하고 음악도 듣고 전시회도 갔던 일들이 좋은 거름이 되었다고 생각하거든요. 그 무엇이든 좋습니다. 본인이 마음과 몸을 다스릴 수 있도록 여가를 즐기는 생활을 했으면 하는 조언을 마지막으로 드립니다.

SHIN YUNJEONG

현재 서울대학교 교육학과의 교육상담
전공 교수이며, 진로상담, 다문화상담
등의 분야에 관심을 갖고 연구하고 있다.

신윤정

교수

소수자를 위한
옹호자로서의 상담

1) 학자로서의 삶에 대하여

> **교수님께서 대학원에 들어가 학자가 되어야겠다고 생각하신 계기는 무엇인가요?**

처음부터 거창하게 학자의 길을 생각하지는 않았던 것 같아요. 대학에 와서 전공 공부가 재미있어서 대학원에 들어갔는데, 제 삶의 양식이 직장생활보다는 대학원과 잘 맞았던 것이 컸습니다. 저는 술도 못 먹고 내향적인 성격이거든요. 또 공부하는 것이 제 성향과 잘 맞았고, 저랑 비슷한 사람들이 많은 곳을 선택했던 거죠.

> **학부부터 박사까지 긴 대학원 생활을 하면서 특별했던 경험을 공유해주실 수 있을까요?**

저는 박사 때 '워라하'(working-life harmony)의 중요성을 알게 되어 좋았던 것 같아요. 요즘 워라밸(working-life balance)이라는 말이 유행하는데, 저는 그것이 일과 삶을 분리하려는 태도를 나타낸다고 생각해요. 일할 시간과 그 외 시간을 나누고, 쉬는 시간에는 절대로 일에 대해서 생각하지 않는 거죠. 그런데 저는 박사 때 아이를 키우면서 공부했는데, 일과 삶을 분리하려고 하다 보니까 오히려 많이 힘들었어요. 일과 삶은 딱 분리되는 것이 아니라 시소를 타듯이 왔다갔다 하는 것이고 그것이 바로 하모니라고 생각합니다. 특히 학자는 출퇴근이 없잖아요? 그래서 일과 삶을 분리하는 것이 오히려 효율을 떨어지게 하기 때문에 일과 삶을 분리해야 한다는 고정관념을 가지지 않았으면 좋겠어요.

학자로서 생산성을 높이기 위한 선생님만의 노하우가 있나요?

학자로서의 생산성은 여러 가지 의미가 있을 것 같아요. 만약 그것이 논문쓰기라면 하루 1시간씩 논문을 쓰는 습관을 가지면 좋을 것 같아요. 저도 종종 논문 쓰기 외에 다른 회피적인 일들을 하면서 시간을 보내는 습관이 있었는데, 그런 것은 좋지 않은 것 같아요. 정말 꾸준히 매일매일 글을 쓰다보면 좋은 글이 나오고 생산성이 올라가는 결과가 나타납니다.

교수님께서 하신 연구 중 가장 기억에 남는 연구가 있을까요?

저는 박사논문이 생각납니다. 박사논문을 쓰면서 연구는 혼자 하는 것이라 아니라 내 주변 사람, 학문 공동체의 많은 사람들과 함께 하는 것임을 깨달았습니다. 저는 상담전공이었고, 상담전공의 경우 마지막 학기에 상담센터나 병원에서 인턴을 해야 합니다. 인턴 자체도 힘들지만, 당시에 육아를 병행하며 공부를 그만하고 싶을 정도로 힘들었어요. 하지만 지도교수님이나 슈퍼바이저 등 다양한 분들이 제가 공부를 끝낼 수 있도록 많이 도와주셨습니다. 박사 논문은 제가 썼지만, 실제로 저를 성장시킨 것은 제 주변의 많은 사람들이 속한 학문 커뮤니티라는 것을 느끼고 감사할 수 있었습니다.

이런 경험이 다양한 분야의 사람들과 공동 작업을 많이 하는 계기가 되기도 했어요. 이런 과정을 통해 공동체에서 지지 받는 경험과 함께 다른 사람과 함께 하는 시너지로 많이 성장할 수 있었습니다. 논문은 글 쓰는 것이 전부가 아니라 다른 사람과 내 생각을 공유하며 아이디어를 발전시키는 과정이니까요. 그래서 공부는 혼자 하는 것이 아니라 다른 사람들과 함께 하는 것임을 알 수 있었죠.

2) 혁신과 공존에 대하여

> 학자로서 BK21의 '혁신과 공존'이라는 키워드가 선생님에게는 어떤 의미를 가지고 있나요?

공존과 관련해서 상담의 '트레이닝 모델'이 떠오릅니다. 원래 상담에서 트레이닝 모델은 과학적 모델과 실무적 모델이 중심이었어요. 이것은 연구자이면서 동시에 상담 실무자인 상담 연구가들의 특성을 반영한 것입니다. 최근에는 여기에 옹호자(advocate)까지 확장이 되어야 한다고 말합니다. 상담은 상담실에서 사람을 만나는 것이 다가 아니에요. 내담자의 문제는 개인적 문제가 아니라 사회적 문제(성소수자에 대한 차별, 성별에 대한 차별 등)인 경우가 많은데, 이것을 상담실 안에서 심리적 문제로만 보는 것은 한계가 있습니다. 그렇기 때문에 상담 자체뿐만 아니라 문제를 해결할 제도나 문제를 소통할 창구 역시도 중요합니다. 이렇게 내담자가 가지는 문제를 다양한 차원에서 이해하고 이들을 옹호하는 옹호자로서의 역할도 매우 중요합니다.

저는 요즘 새터민이나 성소수자에 대한 연구를 하고 있는데, 이것을 하면서 '정상'이라는 것이 무엇인지를 많이 생각합니다. '정상'이 무엇인지에 대한 기준은 사람마다 모두 다릅니다. 그리고 모든 사람은 각자 다른 특성을 가지고 있어요. 그렇기 때문에 다름이 차별의 기준이 되지 않고 이런 다름을 인정해주는 사회를 만드는데 제 연구로써 기여하고 싶습니다. 특히 소수자의 경우에는 기록이 남지 않으면 이 사람들은 존재하지 않는 사람이 됩니다. 우리가 기록을 통해 역사를 이해하듯이, 소수자에 대한 기록을 연구의 형태로 남김으로써 미래 사람들이 소수자들을 이해하고, 이들을 위해 어떤 일을 할 지 생각하게 하고 싶습니다. 기록이 남지 않으면 사람들은 이들에 대해 알지 못합니다. 물론 가끔 아무도 읽지 않는 것을 나 혼자 열심히 쓰는가 하는 생각도 들지만, 이렇게 스스로 의미를 부여하는 거죠.

혁신과 공존과 관련해서 인사이트를 제공할 수 있는 책이나 논문이 있을까요?

혁신과 공존을 어떻게 생각하느냐에 따라서 다를 것 같아요. 만약 혁신과 공존을 '세상과의 연결'로 본다면, 저는 김승섭 고려대 교수님이 쓰신 『아픔이 길이 되려면』이라는 책을 추천합니다. 그 분은 사회적 차별이나 아픔이 몸이나 건강에 미치는 영향에 대해서 연구하셨어요. 이것은 사회적 현상이 인간의 심리에 미치는 영향을 살펴본 것인데, 저는 이런 연구를 많이 하고 싶어요. 이 책을 보면서 현실과 괴리가 되지 않는 연구에 대한 인사이트를 얻을 수 있었던 것 같아요.

또 공존은 학문 간의 교류로 본다면, 이것은 책이나 논문보다는 직접 해보는 것이 중요한 것 같아요. 공존을 하려면 우선은 다양한 분야의 사람들이 무엇에 관심을 가지는지 서로 이야기할 기회가 더 많았으면 좋

겠어요. 처음부터 연구를 할 수 없거든요. 어떤 방식으로든 기회가 될 때 서로 아이디어를 이야기하고 공통점을 찾아가는 대화의 과정이 중요하다고 생각해요. 서로가 어디에 관심이 있는지를 알아야 학문적 공존이 일어날 수 있어요. 다른 전공의 학생들이 서로 교류할 기회를 많이 만들어주는 것이 중요할 것 같습니다.

3) 마무리

> 마지막으로 이 글을 보고 있을지 모르는, 대학원생들을 위한 조언이 있으신가요? 혹은 현재 관점에서 과거의 본인에게 하고 싶은 말도 괜찮습니다.

만약 제가 과거로 돌아가면 스스로에게 이렇게 말해주고 싶어요. 겁먹지 말고, 조급하지 말고, 남이랑 비교하지 말고, 지금 있는 사람들과의 삶을 온전히 누리라고요. 당시를 생각해보면 특별한 것을 하려 했다기 보다는, 그때그때의 관계나 삶에 충실했던 것이 도움이 되었던 거 같아요.

SHIN JUNGCHEOL

현재 서울대학교 교육학과의 교육 행정
전공 교수이며, 동아시아 교육, 대학정
책, 대학행정, 대학평가 등에 관심을
가지고 있다.

신정철
교수

한국 교육현장에
맞는 교육연구

1) 학자로서의 삶에 대하여

> **교수님의 학자로서의 정체성이 궁금합니다.**

저는 학자로서의 정체성에 교육자의 역할, 연구자의 역할, 사회 지성인의 역할 이 세 가지가 다 있다고 생각합니다. 이때, 세 가지 역할 중 어느 하나에 지나치게 초점이 맞춰지면 균형이 깨질 수 있으니 유념해야 하죠. 예를 들어, 사회 지성인의 역할이 지나치게 커지면 교육자 또는 연구자로서 해야 할 일들을 소홀히 할 수가 있게 됩니다.

학자는 교육자로서 좋은 교육자가 되어야 하며, 연구자로서 좋은 연구를 할 수 있어야 하고, 이를 잘 갖춘 후에 활용해서 사회의 발전과 인류의 행복을 위해서 이바지할 수 있는 사회적 지성인의 역할을 수행해야 한다고 생각합니다. 교육자의 역할과 연구자의 역할에 충실치 못한 상태에서 지나치게 사회적인 활동을 하는 경우 자칫 본말이 전도되거나, 그러한 활동에 기반이 되는 교육과 연구 기능을 소홀히 할 수밖에 없겠죠. 이러한 모습은 서울대 같은 연구 중심 대학에서 조금은 지양해야 하지 않을까 싶습니다.

> **교수님께서 '교육행정'을 주 전공으로 선택하신 이유가 듣고 싶습니다.**

저는 학부에서 행정학을 공부했고, 교육학을 부전공했습니다. 이러한 과정에서 교육과 행정을 어떻게 접목할 수 있을지 고민을 많이 해왔고, 석사 과정과 박사 과정도 교육과 정책을 공부했기에 제 전공 선택은 교육과 행정의 자연스러운 결합이었다고 생각합니다.

그리고 제가 교수가 되기 전에 경험한 현장 경험들이 저의 교육과 연구에 밑바탕이 되고, 저를 교육행정을 공부하는 학자로 이끌었다고 볼 수 있습니다. 교육학 분야처럼 현장과 밀접히 연관되어 있는 분야를 공부할 때, 무엇이 현실적으로 가장 중요한지 생각하는 자세가 필요하다고 생각합니다. 그러므로 교육행정에서 가장 기초적인 것은 교육행정 현장에 대한 이해입니다. 학교가 어떻게 운영되는지, 시도 교육청이 어떻게 움직이는지, 대학이 어떻게 운영되는지, 정부에서 정책을 만들 때 어떤 과정을 통해서 만들어지는지 본인의 구체적인 경험이 없다면, 학생들에게 이론을 중심으로 설명하고 가르칠 가능성이 큽니다. 그리고 현장에 대한 충분한 경험이 없는 상태에서 연구를 하면 자신이 하는 연구가 어떤 의미를 갖는지 자기 확신이 없을 가능성이 있고요. 이러한 제 경험에 기반해서 저는 학생들, 특히 대학원생들이 자신이 가르칠 분야에 관한 이해와 실무적 경험을 어느 정도 갖추는 것이 필요하다는 이야기도 함께 덧붙이고 싶습니다.

> **교수님의 많은 연구 업적 중 가장 소중하게 여기시는 연구(분야)를 소개해주십시오.**

저는 저의 경험을 바탕으로, 한국의 교육 현장에 대해 내 나름의 이론적 체계를 만들어 설명해보고, 다른 학자들과 교류하면서 이 이론을 더욱 발전시키고, 나아가 세계적이고 보편적인 이론으로 발전시키는 것에 관심을 두고 있습니다. 그래서 제 연구는 대부분 한국의 교육 현상을 설명할 수 있는, 한국의 상황에 맞는 이론적 틀을 만드는 것으로 요약할 수 있습니다. 국내에 출간된 많은 교육행정 관련 책과 교재들을 보시면 대부분 해외의 이론을 소개하는 경우가 많습니다. 그래서인지 다들 유학을 많이 하죠. 학생의 관점에서 가장 좋은 공부는 그 이론을 만든 학자들이 있는 곳에 직접 가서 공부하는 것일 테니까요. 그런데 제 생각은 조금 다릅니다. 우리나라의 교육 현상을 설명할 때 왜 굳이 해외의 이론을 빌려야 할까요? 한국의 교육 현상을 설명함에 있어 미국의 이론은 (설명하는 부분이 물론 있겠지만) 상당한 제약이 있을 것입니다. 또한, 비판적인 자세 없이 해외 학자들이 체계화한 이론을 그대로 답습하게 되면, 한국의 학문 생태계는 소멸하는 방향으로 흘러가게 됩니다. 많은 학자가 해외학회에 참석하여 발표하고 토론하면서 우리의 이론을 발전시킨다고 하지만, 실상 미국의 학문적 틀 속에서 한국의 특수한 사례를 설명하는 정도에 그치고, 미국과는 다른 이론에 관한 이야기를 진척시키기는 거의 어려웠죠. 이러한 패턴이 계속 반복된다면 우리의 학문적 정체성을 만들기는 어렵습니다. 비록 거대하고 정교한 이론적인 틀을 갖춘 것은 아니라 할지라도, 자신이 경험한 현상들을 나름대로 정리하고, 다른 나라와 비교하면서 체계화하여 이를 보편적인 개념이나 특성들로 발전시켜나가는 것이 필요합니다.

제가 쓴 논문들은 이러한 문제의식을 바탕으로 연구한 결과물입니다. 새로운 각도에서 우리나라의 교육 현실을 설명하려는 노력을 해보는 것이죠. 이러한 노력을 바탕으로 『International Encyclopedia of Higher Education Systems and Institutions』라는 백과사전을 발간해 보기도 했습니다. 2013년도에 다양한 국적의 학자들과 함께 『The Dynamics of Higher Education Development in East Asia』라는 책을 발간한 적이 있습니다. 다른 학자들과 함께 연구하면서 동아시아에서 고등교육이 이렇게 빨리 성장한 이유가 무엇인지를 설명할 수 있는 이론적인 틀을 만들어보기도 했죠. 고등교육이 빨리 발전한 나라들이 동아시아에 몰려있거든요. 또한, 한국, 일본, 대만, 홍콩, 싱가포르, 중국 등의 국가에서 공유된 특성이 뭘까라는 질문에 대한 답을 연구해서 2015년에 『Mass Higher Education Development in East Asia』라는 책을 내기도 했습니다.

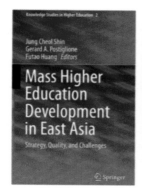

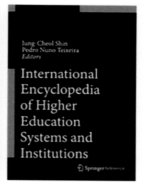

2) 혁신과 공존에 대하여

혁신과 공존이라는 단어에 대해서 교수님께서 어떻게 생각을 하고 계신지 인사이트를 얻고 싶습니다.

우리가 연구를 통해 새로운 사실을 확인하고, 아이디어를 내는 것이 바로 혁신입니다. 학자로서 연구를 한다는 건 새로운 것을 발견한다는 것이고 새로운 것을 통해서 사회를 바꿔보겠다는 의도가 있기 때문입니다. 반면, 우리가 지금까지 많은 관심을 기울이지 못한 것은 공존입니다. '더불어 사는 것'은 국내를 넘어 다른 나라와의 관계도 포함하며, 전 세계적으로 인류가 같이 더불어 사는 것을 의미하게 되죠. 학자로서 우리가 교육과 연구에 대해 고민하며 새로운 것을 만들고자 하는 노력도 결국 인류의 삶의 질을 높이고 다 같이 행복하게 만드는 세상을 만들어가는 데에 이바지하고자 하는 좋은 뜻이 숨어 있다고 봅니다. 그래서 혁신과 공존이 같이 어우러질 수 있게 됩니다.

공존을 위해서는 연구를 통해 사실을 확인(fact check)하고, 이를 바탕으로 깊이 있는 고민을 한 후에, 그 결과를 통해 어떻게 하면 서로 상생하고, 공존할 수 있을 것인가 방안을 제시할 수 있겠죠. 즉, 혁신과 공존은 자신의 좋은 연구가 밑바탕이 되어야 하는 것이죠. 좋은 연구의 결과가 좋은 교육으로 연결되고, 이것이 좋은 사회적 영향으로 연결되어야 하는 것이지, 학자가 기초적인 연구가 되어 있지 않은 상태에서 공존만을 이야기한다면 학자의 자세와는 거리가 있다고 생각합니다.

대부분의 연구는 혁신을 지향하지만, 그것이 사회적으로 유용하게 활용된다면, 특히 사회경제적으로 어려운 환경에 있는 사람들, 아직 낙후된 여건 속에 살고 있는 사람들을 위해 유용하게 활용된다면, 혁신과 공존은 유사한 개념이 되겠죠. 한국 외의 다른 나라로 이야기로 확장해 보겠습니다. 저는 남아시아의 고등교육 거버넌스 개혁에 관한 국제 컨설팅을 해본 적이 있습니다. 저는 교육을 통해 사회·경제 발전을 지원할 수 있는 시스템을 구축하는 일에 관심이 있고, 이를 연구하고 있습니다. 교육과 사회발전에 관한 연구이죠. 이러한 연구를 통해 개발도상국가의 교육과 사회발전을 연계할 수 있는 좋은 아이디어들을 만들어 낸다면 이러한 연구들이 개발도상국가의 발전에 기여하는 연구, 즉 공존의 길이 되겠죠. 사실, 개발도상국을 돕기 위해 많은 나라들이 원조하고 있습니다. 그러나 많은 경우 선진국들은 어떤 발전의 기본적인 틀을 만들어 놓고, '선진국처럼 되어야 한다'는 식의 원칙을 적용하고, 개발도상국가에게 그러한 틀을 따르도록 하고 있습니다. 그러나 그러한 틀은 개발도상국 현실에 잘 맞지 않아요. 이러한 원조들은 공존이 이루어진 상황이라 보기 어렵습니다. 그렇다면 공존이 어떻게 가능할까요? 저는 제대로 된 원조는 철저한 사전 연구를 통해 그동안의 경험을 이론화하고, 그 이론으로부터 나오는 혜안, 지혜 등을 통해 해당 국가의 맥락에 맞게 재해석하고 현실에 맞는 방안을 제안해야 한다고 생각합니다. 그렇게 할 때 개발도상국가들이 시행착오를 줄일 수 있고, 제대로 된 혁신이 일어나고, 공존이 가능하다는 것이죠.

3) 마무리

> **학자가 되고 싶은 사람들에게 조언 한 말씀 해주세요.**

개인적으로 이 질문과 관련하여 좋은 연구자가 된다는 것은 무엇을 의미하는지 생각하며 설명을 해보고자 합니다. 대학원생들에게 정말 중요한 것은 좋은 마음으로 대표되는 인성, 체력, 그리고 자기만의 호기심을 갖는 것입니다.

교수님들마다 대학원생, 특히 박사 학생을 선발하는 기준이 있을 것입니다. 저는 그 첫 번째를 인성으로 보고 싶습니다. 좋은 인성을 갖춘 사람은 그 인성에 기반해서 연구도 하고 사회적인 기여를 할 수 있겠죠. 남을 배려하는 마음, 측은히 여기는 마음 없이, 내가 상대방보다 우월하다는 생각을 가지고 다른 사람들에게 조언을 해주거나 컨설팅한다면 어떤 결과가 나올까요? 이미 답은 정해져 있을 겁니다. 그래서 혁신과 공존을 이야기하기 전에 사람에 대한 공감이 우선 이루어져야 한다는 생각이 들었습니다. 연구를 한다는 것은 남한테 영향을 받기도 하지만 더 중요한 것은 자신이 가지고 있는 사고의 틀 속에서 남의 생각이나 아이디어를 받아들이면서 재조직화하는 거예요. 그렇게 나만의 이론을 만들어 가는 것이기 때문에, 석박사 과정, 특히 박사과정은 내 삶의 철학이 더 중요하겠죠.

흔히들 대학원에서는 자기 분야의 전문적인 지식이나 기술이 중요하다고 얘기를 많이 하죠. 다음으로 연구 방법론 이야기를 많이 합니다. 그러나 이는 구체적인 이야기에 불과하고, 가장 중요한 것은 자신이 관심을 가진 분야를 어떻게 바라보느냐 하는 자세예요. 자신뿐만 아니라 주변 사람들, 특히 어려운 처지에 있는 사람들에 대한 배려가 있고, 그들과 함께 호흡하며 도와줄 수 있는 마음의 자세가 중요한 것 같아요. 오해 없기를 바랍니다. 제가 이런 자세를 갖추고 있다는 것이 아니라 저도 그렇게 하려고 노력하고 있다는 이야기예요. 그런 게 없으면 잘못된 길로 갈 수 있습니다. 예를 들면 정말 뛰어나 재능을 가진 엔지니어가 있다고 해봅시다. 그런데 그 엔지니어가 자신의 뛰어난 기술을 최악의 범죄에 활용할 수도 있고 인류 사회의 발전에 커다란 기여를 하기 위해 자신의 재능을 사용할 수도 있어요. 결정적인 순간이 자신에게 다가왔을 때 결정을 좌우하는 것은 결국 자신이 어떤 마음을 가진 사람인가에 달려 있겠죠. 그래서 좋은 인성을 갖는 게 정말 중요하다고 생각하고 있고, 이는 어떤 책이나 논문을 읽어서 나올 수 있는 건 아닌 것 같아요.

두 번째로 중요한 것은 체력이에요. 아무리 좋은 연구를 하고 좋은 아이디어를 갖고 있다고 하더라도 체력이 없고 본인이 몸이 아프면 뭘 못 하잖아요. 좋은 아이디어 등은 그다음이죠.

마지막으로, 평소에 자신의 호기심이 어디에 있는지 고민하고 그 호기심을 만족시키기 위해서 계속 생각해 보는 사람을 당할 재주가 없어요. 그 사람은 남들이 안 한 걸 시도하고, 남들이 지금까지 해보지 못한 일들을 성취할 것입니다.

이 세 가지는 책을 본다고 해서 계발할 수 있는 것은 아닌 것 같고, 평소 생활할 때 어떻게 생각하며 살아가는가에 달리지 않았을까 싶습니다. 그래서 연구 방법론이나 지식이 중요하다고 하지만, 이러한 것은 앞에서 얘기한 좋은 인성, 건강한 몸, 자신만이 가지고 있는 호기심 등이 바탕이 된 뒤에 필요한 것들이 아닌가 합니다.

SHIN JONGHO

현재 서울대학교 교육학과의 교육심
리 전공 교수이며, 학습과 인지, 사고
와 학습 전략에 관심을 가지고 있다.

신종호
교수

미래를 대비하는
교육연구

1) 학자로서의 삶에 대하여

교수님께서 대학원에 들어가 학자가 되어야겠다고 생각하신 계기는 무엇인가요?

저는 학자의 역할이 매력적이라 생각합니다. 학자는 특정 분야의 지식인으로서 문제해결이나 가치 창출을 해야 하고, 한편으로는 그런 일에 헌신해야 한다는 열정을 가지고 있어야 합니다. 그런 점이 단순한 직업인으로서 연구원과 학자의 차이를 나누는 것이라고 생각합니다. 저는 교육학도로서 교육이 사회적 문제를 선도적으로 이끄는 것이 아니라, 사회적인 비판에 끌려가는 것이 안타까웠습니다. 그래서 교육을 공부하는 사람으로서 선도적으로 직접 이런 문제를 해결하고 새로운 가치를 창출하고 싶었습니다. 저 역시 당시에 다른 직업에 대한 고민을 많이 했었지만, 그런 목표와 열정이 저를 이 길로 이끌었습니다. 또 한편으로, 학자는 자신만의 생각을 갖추는 것이 중요하다고 봅니다. 학자가 자신의 생각을 갖추지 못한 채로 옛날 것을 공부하기만 하면 그것은 학자가 아니라 학생입니다. 공부를 하면서 자신의 생각을 만들어 나가는 것이 학자의 업이라고 생각하니 굉장히 매력적으로 느껴졌기 때문에 학자의 길을 가게 된 것도 있습니다.

대학원 과정에서 교수님께서 공유하고 싶은 경험이 있으신가요?

특별한 경험이라 할 것은 없지만, 공유하고 싶은 경험은 있습니다. 저는 미국으로 박사를 갔을 당시에 학생으로서 공부를 열심히 하는 것이 제 책무라고 생각했습니다. 그래서 처음에는 혼자서 공부를 열심히 했습니다. 그런데 특이한 것은 저는 주로 제 자리에서 혼자 공부했는데, 다른 학생들은 끊임없이 회의실에서 이야기를 나누었습니다. 제가 이것이 잘못되었다는 것을 깨달은 것은 제 지도 교수님 덕분입니다. 제 지도 교수님께서 이런 저를 보시고 'stop being a student'라고 말씀하셨고, 그 때 생각을 키울 생각을 하지 않고 공부만 하는 사람은 학자가 아니라 학생에 불과하다는 것을 깨닫게 되었습니다. 대학원에서는 책으로 공부하는 것이 전부가 아니라 자신의 생각을 만들고 다른 사람과 생각을 나누는 것이 중요하다는 것을 알았습니다. 그 뒤에는 혼자 공부하는 시간을 줄이고 다른 사람들과 대화를 하는데 더 많이 참여하게 되었습니다.

유학생으로서 논의에 참여하기 힘드셨을 텐데 어떻게 잘 참여하게 되셨나요?

말씀하신 대로 문화나 언어의 문제가 어려움으로 작동합니다. 하지만 제일 중요한 것은 참여한다는 사실 자체입니다. 자신이 부족하다고 느낀다고 소극적으로 상황을 회피하지 않고, 일단 자리에 참여해야 합니다. 자신의 부족함을 다른 사람이 싫어한다고 생각할 수 있지만, 실제로는 어떻게든 적극적으로 참여하는 사람을 다른 사람들도 좋아합니다. 일단 참여하면서 연구 공동체 문화에 익숙해지고, 사람들을 알아 가면, 어느 순간부터 자연스럽게 참여할 수 있게 될 것입니다. 그런 점에서 제가 가장 싫어하는 말이 '가만히 있으면 중간은 간다'는 것입니다. 가만히 있다는 것은 모르는 것을 감추고 있는 것이기에 개인의 성장을 오히려 방해하게 됩니다. 오히려 '시작이 반이다'라는 말처럼 무엇이든 시도하면 절반은 갈 수 있습니다.

2) 혁신과 공존에 대하여

> BK21의 '혁신과 공존'이라는 키워드가 교수님께는 어떤 의미를 가지고 있나요?

        먼저 혁신에 대해서 말씀드리면, 현재 사회 변화가 급속도로 이루어지고 있습니다. 그리고 이에 맞춰서 교육의 변화도 빠르게 이루어져야 합니다. 이와 관련해 뒤르켐(David Émile Durkheim)이 교육에 대해 가졌던 기능론적 관점을 생각해 볼 수 있습니다. 뒤르켐의 기능론적 관점에서 보면, 교육이 사회에서 요구하는 인성, 능력을 가진 사람을 키우는 역할을 해야 함을 강조합니다. 사회가 혁신을 하기 위해서는 교육에서도 혁신이 이루어져야 합니다. 교육에서 혁신은 사회의 변화에 맞춰서 교육의 역할을 고민하고 그에 맞춰 교육 제도를 변화시키는 것입니다. 서울대학교 교육학과가 그런 역할의 중심에 있어야 하는데, 대학원을 지원하는 BK21에서 그런 모토를 가지고 있다는 점이 의미가 깊다고 봅니다.

> 혁신에 대해서 말씀해주셨는데, 그러면 공존에 대해서는 어떻게 생각하시나요?

        다음으로 공존에 대해서 말씀드리면, 저는 공존을 두 가지 의미로 봅니다. 첫 번째로, 앞의 혁신과 같은 맥락에서 교육은 사회 전체 분야의 변화와 함께 나아가야 한다는 점을 공존으로 생각할 수 있습니다. 이런 점에서 현재, 교육은 사회 각 분야의 변화와 적절히 공존하지 못한다는 평가를 받고 있고, 그 부분에서 교육 전문가들의 노력이 더 필요할 것입니다. 두 번째로, 사회 변화에 따른 격차의 심화를 해소하는 것을 공존으로 생각할 수 있습니다. 사회 변화는 필연적으로 변화에 적응한 자와 적응하지 못한 자 사이의 격차를 만들어내고, 종종 교육의 불평등이 그런 격차를 더 키우기도 합니다. 하지만 교육은 그런 사회 격차를 해소하는 데 기여할 수 있어야 합니다. 이런 점에서 보았을 때, 우리가 혁신만을 추구해서도 안 되고, 그 혁신의 부작용으로 나올 수 있는 격차 역시도 공존의 정신으로 해소할 수 있어야 합니다. 두 가지가 모두 중요하기 때문에 이 두 가지 문제에 대해서 우리가 연구 집단으로서 역할을 지금부터 생각하고 준비할 필요가 있습니다. BK21이 그런 역할을 앞장서서 할 수 있을 것으로 기대합니다.

> **혁신과 공존에 관련해서 사람들에게 인사이트를 줄 수 있는 책이나 논문을 추천해주실 수 있을까요?**

혁신과 공존의 문제는 미래의 과제이기 때문에, 저는 과거의 문제를 다룬 책이나 논문을 추천하는 것은 바람직하지 않다고 생각합니다. 그것보다는 다가오는 과제에 대한 이해를 위해서 다양한 사회 변화에 대해 많이 알아야 할 필요가 있습니다. 예를 들어 기술의 변화나 사회 공동체의 모습이 어떻게 변화되고 있는지에 관심을 가지고 공부할 필요가 있습니다. 교육학자뿐만 아니라 다양한 분야의 학자(역사학자, 경제학자 등)들이 미래 사회를 어떻게 바라보고 있는지 다양한 의견을 들어보는 것이 좋습니다. 앞에서 말했듯이 교육은 복잡계(다양한 분야, 요소들이 서로 다양한 관계를 맺고 있는 세상)에 위치하기 때문에 교육이 독립되지 않고 사회의 다른 분야와 함께 변화를 하는 것이니까요. 이 글을 읽는 분들이 교육뿐만 아니라 다

양한 분야에도 관심을 가지고 사회 변화에서 교육의 역할을 생각해봤
으면 좋겠습니다.

3) 공유하고 싶은 연구 결과에 대하여

> 마지막으로 교수님의 연구결과 중에서 사람들에게 소개하고 싶은
> 것이 있으신가요?

저는 '생애 목표(life goal)'에 대한 제
연구들을 소개하고 싶습니다. 대표적인 연구들은 아래와 같습니다. 아
래 연구들이 아니더라도 관심이 있다면 제가 한 다양한 생애 목표에
대한 연구들을 참고하면 좋을 것 같습니다.

2019: Shin, J., Lee, Y. K., Park, S., & Seo, E. Young individuals'
consideration of goal-self alignment and its relations to
goal commitment and social concern: age differences and
similarities. Self and Identity, 1-18.

2016: Shin, J., Seo, E., & Hwang, H. The effects of social
supports on changes in students' perceived instrumentality of
schoolwork for future goal attainment. Educational Psychology,
36(5), 1024-1043.

2014: Shin, J., Hwang, H,, Cho, E., & McCarthy-Donovan, A.
Cultural trends in Korean adolescents' social purpose. Journal
of Youth Development, 9(2), 16-33.

생애 목표에 대한 연구를 소개하신 이유가 있을까요?

생애 목표는 말 그대로 생 전반을 걸쳐서 개인이 성취하고자 하는 목표로 삶의 의미의 중요한 중심이 됩니다. 제가 생애 목표에 관심을 가지게 된 것은 2008−2009년 정도로 기억합니다. 그 당시에 저는 서울대학교 교수라는 사회적으로 인정받는 자리에 올랐지만, 막상 허전한 마음이 많이 들었습니다. 마치 고등학생들이 열심히 공부해서 자신이 원하는 대학교에 들어왔을 때 느끼는 허전함과 비슷합니다. 이 때 인생에서 중요한 것은 '무엇이 되는 것'이 아니라 '무엇을 하는 것'이라는 것을 느꼈습니다. 자신이 평생에 거쳐 '하고 싶은 것', 그것이 생애 목표가 되어야 하고, 그런 목표가 있어야 인생에서 허전함이 없어질 것입니다. 그런 점에서 대학원에서 공부하는 분들이, 공부의 의미를 '무엇이 되는 것'에서만 찾지 말고, '무엇을 하는 것'에서도 찾으셨으면 좋겠습니다.

현재 서울대학교 교육학과의 교육행
정 교수이며, 인간관계론, 학교경영, 교육
지도성에 관심을 가지고 있다.

EOM MOONYOUNG

엄문영
교수

공존을 위한
변화와 실천

1) 학자로서의 삶에 대하여

> **교수님의 '학자'로서의 정체성이 궁금합니다.**

저는 학자로서 지식 탐구와 체계적 이론 발견을 중요시하고 있습니다. 이런 과정은 제 개인의 지적 욕구를 충족시키는 것뿐 아니라, 교육자로서의 책임을 수행하는 데에도 중요합니다. 제가 속한 곳이 서울대라는 교육 기관이기 때문에, 최신의 지식과 이론을 학부생과 대학원생들, 그리고 학문의 후속 세대들에게 잘 전달하는 것이 중요하다고 생각합니다. 이를 통해 그들에게 세상을 바라보는 방식이나 통찰력을 전달할 수 있어야 합니다. 이러한 사고방식을 바탕으로 학자로서의 책무를 인식하며 연구를 진행하고 있습니다.

동시에 저는 교육행정이라는 학문 분야를 연구하고 있습니다. 그런 만큼, 학자로서 저는 사회 변화를 이끄는 학문을 추구하고 있습니다. 실제 사회, 특히 학교 현장에서 구성원들에게 도움이 될 수 있어야 한다고 생각하며, 교사, 학부모, 학생, 관리자 등이 부딪히는 어려움을 이해하고, 그들의 실천을 돕는 것을 중점으로 두고 있습니다.

즉, 저의 정체성은 이론을 배우고 전달하는 학자이자, 학교 현장의 실질적 문제를 해결하는 데에 방향을 제시하는 교육자라고 할 수 있습니다. 저에게 주어진 중요한 역할은 최신 이론을 정확하게 전달하고, 세상을 바라보는 관점을 제공하는 것입니다. 그리고 이를 바탕으로 학교 현장에서 실질적으로 개선과 변화를 이끌어낼 수 있는 이론과 방법을 함께 연구하고 만들어가고 있습니다.

> **교수님께서 '교육행정'을 주 전공으로 선택하신 이유가 듣고 싶습니다.**

저는 교육행정 분야를 조금은 우연히 선택했고, 다행히도 제 성향과 잘 맞았던 선택이었다고 회고할 수 있을 것 같습니다. 처음에 저는 대학에서 교육학을 전공했습니다. 교육학은 다양한 직업을 준비하는 데 도움이 될 수 있는 폭넓은 분야인데요, 제 경우는 교육학 분야의 공부를 발판 삼아 공무원이 되기 위한 공부를 많이 했습니다. 결론적으로는 행정 관료로의 직업을 선택하지 않았습니다. 대신 은사님의 영향으로 교육 재정 공부에 흥미를 느껴 대학원 공부를 시작했습니다. 교육 재정을 공부하면서 정책에서 돈의 투자가 얼마나 중요한지를 알게 되었고, 그리고 자원을 어떻게 효율적으로 배분하고, 어떻게 쓰느냐에 따라서 그 효과가 달라진다는 데 재미를 느끼게 되었습니다.

비록 바로 학자로서의 길을 선택한 것은 아니었지만, 그럼에도 시험 준비를 하는 시간 동안 사회과학 과목들을 깊게 공부하게 되었고, 후에 교육행정을 택하게 되면서 교육행정이 실제 사회에서 어떻게 영향을 미치는 학문인지 이해하게 되는 데 많은 도움을 얻을 수 있었다고 생각합니다.

인생에서 각자에게 잘 맞는 직업을 찾아 능력을 펼치는 과정은 중요하며 또 복잡한 과정입니다. 그리고 그 가운데 이루어지는 선택은 우리의 인생 경로에 깊은 영향을 끼치게 되죠. 지금 돌이켜 생각해보면, 전반적으로 진로를 선택해 나가는 모든 과정에서 많은 깨달음을 얻었습니다.

> **교수님께서 최근 관심 가지고 계시는 연구 분야에 대해 소개 부탁드려도 될까요?**

저는 이곳에 오기 전, 경인교육대학교에서 일하며 교사들에 대한 관심을 가지게 되었습니다. 그 과정에서 실천과 변화에 많은 관심을 가지게 되었고, 교육 현장에서 중추적인 역할을 하는 교사들의 성장을 어떻게 도울 수 있을지에 대해 많이 생각하게 되었습니다. 제 관심 연구 분야는 크게 교사의 성장이라고 이야기할 수 있을 것 같습니다. 여기서 말하는 '성장'이란 꼭 수업 전문성이나 지적인 성장뿐만 아니라, 정신적인 성장도 포함됩니다.

교사의 성장에 있어서 교사들의 동기부여가 굉장히 중요하다고 생각해요. 그들이 처음 교사가 되고자 했던 그 동기와 포부, 희망이 어떻게 강화되고 유지될 수 있을지에 대해 관심이 있습니다. 좋은 교사들이 부족하면, 그만큼 교육의 질도 떨어질 수밖에 없겠죠. 그래서 저는 교사가 된 사람들을 어떻게 더 성장시킬 수 있을까, 교사가 성장하는 데 방해가 되는 요소는 무엇이 있을까에 대해 고민하고 있습니다.

교사의 성장에 있어 개인의 성향도 있지만, 사회적 규범도 중요합니다. 학교 문화나 풍토가 어떻게 교사의 행동을 유발하는지에 관한 연구도 이와 깊은 연관이 있습니다. 개인의 특성이 아닌 그를 둘러싸는 문화나 관습 등 외부 요인이 교사의 행동을 억누르거나, 때로는 자극하는 역할을 하기 때문입니다. 같은 사람이라 할지라도, 어떤 그룹에 속하느냐에 따라 그의 행동이 달라질 수 있어요. 예를 들어, 어떤 그룹에서는 말을 많이 하는 사람이 다른 그룹에서는 과묵해질 수 있죠. 또는 창의적인 사람이 수동적인 모습을 보이기도 해요. 이런 변화는 개인의 특성이 크게 변한 것이 아니라, 그를 둘러싸는 외부 환경이나 그룹 내의 규범(Group Norm)의 영향이 크게 작용하죠.

저는 연구를 하며 교사의 성장을 계속 자극할 방법이 무엇일지에 대해 고민하고 있습니다. 이에 대한 답을 찾기 위해, Y-성장 모델을 통해 교사 성장의 중요한 요소를 규명하고 있습니다. Y-성장 모델이란, 'Y'의 세 갈래에 해당하는 참여(participation), 자율성(autonomy), 영향력(influence) 요인으로 인해 주인의식(ownership)이 제고되고, 이러한 주인의식의 강화를 통해 성장(growth)을 설명하고자 하는 모델입니다. 여기서 중심점을 차지하는 것이 주인의식입니다. 교사가 신뢰와 참여를 바탕으로 책임감과 동기를 얻고, 이를 통해 자율성을 느끼게 되면, 그 결과로서의 보람과 조직 내에서의 영향력을 통해 존재 가치를 느끼게 된다는 겁니다. 이렇게 주인의식을 가진 교사는 자연스럽게 성장하리라는 것이 주요한 주제입니다.

또 다른 연구 분야는 질적 데이터에 관한 것입니다. 한국교육개발원에서 시작한 종단 연구는 학생 중심으로 이루어지며, 양적 데이터를 수집하는 방식으로 진행됩니다. 학생들은 무작위로 선정되며, 해당 학생들을 매년 추적하여 조사합니다. 초등학교 4학년 때부터 중학교 1학년 때까지, 심지어 그 이후에도 계속해서 추적이 이루어지며, 이에 따라 학생들이 어떻게 성장하고 진로를 결정하는지 조사하게 됩니다.

그런데 학생들이 아닌 교사들을 중심으로 한 종단 연구는 많지 않습니다. 그래서 저는 교사 중심의 종단 연구가 필요하다고 생각했습니다. 2019년부터 한국교육개발원과 서울시 교육청은 교사 전체의 데이터를 수집하고 분석하고 있습니다. 그러나 이는 여전히 양적 데이터에 초점을 맞추고 있으며, 질적 연구는 크게 진행되지 않았습니다.

이러한 문제에서 출발해서 저는 엔트(ENT)라는 단체에서 교사의 질적 종단 데이터 설계를 시작했습니다. 엔트(ENT)는 Education

Network Teacher의 준말로, 교사들을 위한 교육 네트워크 모임입니다. 교사의 삶, 정체성, 성장, 전문성 등을 깊이 있게 연구하기 위해 대학원생들과 만들었습니다. 이 단체를 통해 교사의 삶을 더욱 풍부하게 이해하고 설명할 수 있도록, 심층적이고 종합적인 시각을 가지고 연구를 이어가고 있습니다. 즉, 저는 교사의 삶과 성장을 더욱 잘 이해하고, 그에 따른 교육 실천과 결과를 잘 설명할 수 있도록 노력하는 데 관심이 있습니다.

2) 혁신과 공존에 대하여

> 혁신과 공존이라는 단어에 대해서 교수님께서 어떻게 생각을 하고 계신지 인사이트를 얻고 싶습니다.

현재 우리 사회는 개별화와 다양성이 두드러지는 사회라고 생각합니다. 이런 변화는 학교 교육에서도 확인할 수 있어요. 맞춤형 교육이 강조되며, 개인의 소질과 적성에 맞는 진로 지원이 중요하게 여겨지고 있습니다. 이런 변화로 인해, 공존이 이전보다 더 어려워진 사회를 경험하고 있습니다. 기후 변화, 인구 감소, 지역 간 격차, 계층 간 격차, 소외 문제 등 다양한 사회 문제들이 공존의 어려움을 가중시키는 요인이죠. 그래서 저는 공존하는 것 자체가 혁신이라고 생각합니다. 하지만 혁신을 위해서는 또다시 공존이 필요하다고 생각해요. 개별적인 노력이 합쳐져야 진정한 혁신이 이루어진다고 생각하기 때문입니다. 이러한 두 가지 개념은 깊이 연결되어 있으며, 이는 현재의 사회 이슈를 잘 반영한다고 생각합니다. 요즘 같은 시대에서는 융합, 연합, 협력이 중요하다고 느껴지는데, 이는 공존을 의미합니다.

저는 변화와 실천에 대한 관심을 갖고 있습니다. 변화나 실천은 특정 행동을 하는 것을 의미하며, 그 행동에 영향을 주는 것이 바로 문화, 풍토, 규범, 규율, 규준 등이라고 볼 수 있습니다. 이렇게 보면, 공존과 혁신이라는 개념은 함께 해야만 지속성이 있다고 할 수 있습니다.

문화는 변화를 이끌어내는 중요한 요소이며, 그 특성 중 하나는 지속성입니다. 단기적이고 휘발성 있는 것을 문화라고 부르지 않죠. 그래서 공존과 혁신의 관계를 다시 보면, 개별적인 변화는 지속성이 없기 때문에, 공존을 전제로 한 혁신이 필요하다는 것을 알 수 있습니다. 그리고 이런 개별화와 다양화가 진행되는 현재 사회에서 '공존' 하는 것 자체가 혁신이라고 봅니다.

이러한 두 가지 개념은 깊이 연결되어 있으며, 이는 현재의 사회 이슈를 잘 반영한다고 생각합니다. 요즘 같은 시대에서는 융합, 연합, 협력이 중요하다고 느껴지는데, 교육 문제를 해결하는 데도, 교육행정뿐만 아니라 교육평가, 교육공학, 평생교육 등 다양한 영역에서의 협업이 필요합니다. 즉, 변화가 가능한 시대에는 개별화된 노력이 아니라, 지속적으로 함께 할 수 있는 노력이 필요하며, 이는 공존을 전제해야만 가능하다고 생각합니다.

> **'혁신과 공존'을 더 깊게 이해하는 데에 도움이 되는 책이나 논문을 추천해주실 수 있으실까요?**

먼저, 첫 번째로 마이클 풀란의 "The meaning of educational change"입니다. 변화와 실천에 관심이 있는 사람이라면 꼭 읽어보길 추천해요. 성공적인 혁신을 가져오기 위해 어떻게 해야 하느냐는 질문에 지속적인 문화의 형성이 중요하다는 답을 하는 책입니다. 한국어로는 『학교개혁은 왜 실패하는가-교육 변화의 새로운 의미와 성공원리』라는 제목으로 번역되었습니다.

두 번째는, 앤디 하그리브스, 데니스 설리가 함께 쓴 『The fourth way』라는 책을 소개해드리고 싶어요. 한국어로는 『학교 교육 제4의 길』이라는 제목으로 번역되었습니다. 1권은 원리를, 2권은 각 국가의 성공 사례를 소개하고 있습니다. 앞으로 학교 교육이 변화될 가능성을 제시하고 있습니다.

세 번째는 BK 세미나 수업에서도 다루는 책인데요, 『한국 교육의 난제, 그 해법을 묻는다. 공공성과 자율성의 관점에서』라는 책입니다. 사교육에 해결책이 있는지, 한국의 교육열의 뿌리는 어디서부터 시작되었는지 등등에 대한 질문을 문화 인류학적으로 풀어내는 내용을 담고 있습니다. 교육의 변화는 함께 도모해야 한다는 점에서, 다양한 학자들이 다루고 있는 담론을 꼭 읽어봐야 한다고 생각합니다.

마지막으로 소개하고 싶은 책은 토드 로즈와 오기 오가스가 함께 저술한 『다크호스』라는 책입니다. 한국 교육의 난제 중 하나가 바로 사교육이죠. 부모들이 사교육에 관심을 가지는 이유 중 하나로 보통 자신의 아이가 1등이 되고 서울대에 가기를 원하기 때문이라고들 이야기합니다. 그러나 저는 다르게 생각합니다. 모든 부모가 자식이 1등이 되기를 바라기보다는 행복하게, 편안하게 살기를 원하는 마음이 분명 크다고 생각하기 때문입니다. 그러나 그런 삶을 위해 1등 이외의 다른 가능성이나 대안이 없으므로 사교육으로 모두가 눈길을 돌리는 것 같아요. 그래서 성공에 표준화된 길만 있는 것이 아니라는 점을 이 다크호스라는 책이 주장하고 있습니다. 표준화된 성공 신화를 부수는 데 도움이 되는 일반교양 서적 차원에서 이 책을 추천해 드립니다.

3) 마무리

| **학자가 되고 싶은 사람들에게 어떤 조언을 해주고 싶으신가요?**

연구는 개별적으로만 이루어지는 것이 아니라, 함께 협력하고 공존하여 새로운 것을 만들어내는 과정입니다. 이를 위해서는 동료의식이 중요하다는 것이죠. 우리는 고립되지 않고 함께 있어야 합니다. 그래서 동료의식을 강조하고 싶습니다. 같은 길을 걷는 사람들로부터 위로와 자극을 받을 수 있죠. 또한 '저 사람처럼 되고 싶다'라는 목표나 동기도 샘솟을 수 있습니다.

진심으로 말씀드리면, 함께 할 때, 좋은 것들은 커지고 어려움은 나눠집니다. 그래서 우리는 다른 사람과 함께할 때 위로를 받게 됩니다. 이런 경험을 통해, 아무리 내성적이거나 소극적인 사람이라도, 마음이 맞는 사람과 함께 할 때 큰 힘이 될 수 있다는 것을 깨닫게 됩니다. 그래서 저는 학생들에게 친하게 지내고, 같이 많이 먹고, 서로 도우라고 합니다. 그리고 그런 도움이 다음 세대로 이어지면서 우리의 문화, 우리의 전통이 될 수 있도록 강조하죠.

모두가 힘든 과정을 겪을 수 있다는 것을 인지해야 합니다. 그런 과정을 극복할 때, 그 사람의 능력이나 범위가 넓어지게 되는 것입니다. 예를 들어, 이전에는 일주일 만에 극복할 수 있었던 어려움을 하루 만에 극복할 수 있게 되는 것이죠. 이런 경험들은 실패나 어려움을 긍정적으로 대처하는 데 필요하며, 이는 나에게 자산이 되고 나의 능력을 넓혀줄 것입니다.

　어려운 시기를 견디는 데에는 자신의 동기나 신념, 즉 자신이 어떤 이유로 이 길을 가고 있는지에 대해 생각해보는 것이 중요합니다. 그런 힘든 시기를 버틸 수 있는 탄력성은 여기서 시작해요. 어려운 시기를 버틸 때, 시간에 대한 조급함을 버려도 괜찮습니다. 더 중요한 것은 스스로 무언가를 만드는 과정을 온전히 느끼는 것입니다. 큰 것들을 차근차근 처리하면 할 수 있다는 것을 깨닫고 더 많이 배우고 공부할수록 자신의 관점이 뚜렷해지는 것을 느끼길 바랍니다. 이를 통해 새로운 것을 받아들일 수 있도록 열린 마음을 가져나가길 바랍니다.

서울대 교육학과 교수와 혁신과 공존 교육을 이야기하다

YOO SUNGSANG

현재 서울대학교 교육학과의 교육사회학,
비교교육학 전공 교수이며, 교육개발협
력, 교육발전론, 교사 교육 등에 관심을
가지고 있다.

유성상
교수

교육연구자의
자기 관점 갖기

1) 학자로서의 삶에 대하여

> 학자의 길을 걸어오시면서, 교수님의 연구들 중에서 제일 소중하게
> 생각하시는 연구가 있다면 이야기 듣고 싶습니다.

저는 워낙 연구를 다양하게 하고 있기 때문에 뭘 하나 콕 집어야 될지 정확하게 잘 모르겠습니다. 왜냐하면 제가 관심 있는 분야가 개발도상국의 교육 문제부터 교육 불평등 이슈, 교사 전문직성, 교육의 문화정치적 특성, 교육개혁사회학 등을 포괄하고 있기 때문입니다. 이런 주제는 교육에 직접 연계되는 부분도 있고 그보다는 역사 및 사회정치적 현상에 연계되는 부분도 포함되어 있습니다. 그래도 전통적으로 교육학에서 하는 연구보다 다른 이야기를 하는 게 도움이 될 것 같습니다. 저는 개발도상국의 교육 문제에 관심을 갖고 있습니다. 그 중 여전히 앞으로 관심을 기울여야 될 국가로 모잠비크를 포함한 사하라이남 아프리카 개발도상국들의 교육을 이야기하고 싶습니다. 개발도상국의 교육의 질에 대한 이야기를 할 때 나오는 대표적인 주제가 교사 교육입니다. 과연 우리가 국제사회의 일원으로서 그 나라에서의 교사 정체성, 학교에서의 위치, 역량 향상을 위한 방법 등을 고민하고 또 연구하는 것이 중요한 시점이지 않나 생각이 듭니다. 이러한 부분에서 나온 여러 가지 이슈들이 현재 제 연구의 한 부분을 차지하고 있습니다.

최근에 세계시민교육과 관련된 논문을 저술하셨다고 알고 있는데, 이러한 사회에 대한 관심이 교수님의 연구주제 선정에 영향을 미치셨을 것 같아요.

정확하게는 세계시민교육과 관련된 공역서를 출간했습니다. 전 사회에 대한 관심 이전에 역사에 대한 관심이 큽니다. 물론 역사에 대한 관심은 곧 사회에 대한 관심에서 비롯되기는 했고, 이 둘은 서로 떨어진 게 아니기는 합니다. 처음에 역사에 대해 아주 잘 알았다고 얘기하기는 어렵지만, 역사는 공부할수록 현재의 제 모습을 훨씬 잘 볼 수 있도록 하는 학문 분야가 아닌가 합니다. 그래서 좀더 깊게, 좀더 다양하게 이 분야에 관심을 기울여 공부하게 되는 것 같습니다. 제가 이번 학기에 가르치는 수업이 이제 『교육역사사회학』인데요. 이 강좌는 교육학, 역사학, 사회학 이 세 가지가 혼합되어 있는 융합학문으로서의 교육학 논의를 다루고 있습니다. 교육역사사회학은 교육적 질문, 특히 왜 우리는 이런 교육적 문제에 봉착해 있는지에 대해 시대적 상황과 현상을 설명하는 데 적절한 접근 방법입니다. 하지만 교육학을 공부하는 많은 분들께 역사사회학이 가져다주는 어떤 매력이 아직 충분하게 표현되었다거나 전달이 잘 되고 있지는 않은 듯합니다. 그런 점에 있어서 저는 교육학을 공부하시는 많은 분들이 역사 속에 나타난 다양한 현상들이 오늘날 어떻게 이 모습으로 이렇게 변해왔는지 꾸준히 들여다보실 수 있도록 이끄는 연구자로서, 교육자로서의 역할에 주목하고 있습니다. 이 과정에 많은 연구자들이 교육과 역사, 사회와의 연결을 흥미롭게 만들어가실 수 있도록 할 수 있기를 바랍니다. 이야기가 쓸데없이 길었는데요, 세계시민교육에 대한 이야기를 좀더 해보죠. 세계시민교육은 교육학을 공부하고 교육에 종

사하는 많은 사람들이 도달하고자 하는 인간 교육의 가장 마지막 형태로 설명될 수 있지 않을까 싶습니다. 물론 몇몇 특정 국가의 이념적인 문제 때문에 그 개념을 못 쓰는 국가들도 있습니다. 하지만, 세계시민교육을 거부하는 사람은 찾아보기 쉽지 않을 겁니다. 따라서 세계시민교육의 개념이 우리한테 던져주는 여러 가지 메시지들은 교육학이라는 학문 영역과 공유하는 부분들이 많다고 생각합니다.

> **교수님께서는 수많은 저서와 역서를 출판하셨는데, 끊임없는 출판 활동을 할 수 있도록 하는 원동력이 있을까요?**

올해도 한 다섯 건에서 여섯 건 정도 나올 예정이고, 당장 이번 달에도 하나 출간됩니다. 사실 저서보다도 번역서가 훨씬 더 많은데, 주신 질문을 자주 접했었죠. 제게 번역서 출간을 위한 번역 과정은 글 쓰는 연습의 과정입니다. 물론 아무 책이나 하지는 않습니다. 꼭 같이 공유하고 싶고 필요하다고 생각되는 책들을 공부하면서 번역하는 것이죠. 읽는 것도 연습이 필요하고 글쓰는 것도 연습이 필요합니다. 어느 순간 갑자기 키보드 앞에 앉았다고 해서 글이 써지는 게 아니거든요. 읽고 쓰고, 글을 다듬어가면서 생각하는 연습을 합니다. 제가 가지고 있는 생각의 틀을 돌아볼 수 있는 성찰의 시간을 가질 수 있게 되는 거죠. 언어에 대한 감각을 키우는 일에 도움이 됩니다. 그래서 가능한 시간을 정해놓고 번역을 한다거나 혹은 자투리 시간에 번역을 주로 하지요.

서울대 교육학과 교수와 혁신과 공존 교육을 이야기하다

이번에 나온 책에 대한 소개도 부탁드려도 될까요?

제목은 『골리앗 무찌르기, 미국 교육 개혁과 그 적들』이라고 하는 책입니다. 이 책은 미국의 교육사학자인 다이안 래비치라고 하는 뉴욕 대학의 명예교수께서 최근에 2020년도에 발간한 책이었고 제가 안식년 중에 우연히 접하게 되어 번역을 하게 됐습니다. 다이안 래비치는 미국 교육학계 내에서 영향력을 순위화하면 다섯 손가락 안에 드는 대단한 연구자이자 교육가입니다. 교육사를 배경으로 다양한 교육 현상들을 설명해내고 교육개혁의 지향을 이야기하는 분이라고 이야기할 수 있습니다. 이 책은 미국교육개혁의 역사를 짧게 정리한 이후, 지난 십수년 동안의 교육개혁이 가져온 폐해와 함께 교육개혁의 의미를 비판적으로 접근해 보여주고 있습니다. 저는 이 책에서 교육개혁이란 이름으로 미국 사회의 교육에 관심을 기울이는 여러 '교육세력'에 주목하고 있습니다. 이전에 출간된 책도 유사한 비판을 담고 있는데요, 교육의 변화를 둘러싼 사회정치문화경제적 동학에 실제 힘을 투입하는 교육세력 간의 갈등과 긴장, 그리고 실제 일어난 많은 싸움을 그리고 있습니다. 저는 이 책을 통해, 교육개혁의 수사들 그리고 미국 교육이 가지고 있는 문제, 그리고 이에 관여된 수많은 개인들의 이야기들을 하고 싶었습니다. 한국의 교육개혁도 이런 사회정치적 역동으로 그려내고, 무엇보다 한국 교육개혁의 장에 참여하는 실제 교육세력을 드러내고 싶습니다.

2) 혁신과 공존에 대하여

| **BK21의 '혁신과 공존'이라는 키워드가 교수님께는 어떤 의미를 가지고 있나요?**

저는 BK21 사업단이 이런 표현을 통해 교육학을 아우를 수 있는 위치에 있다는 점에 대해서 정말 높게 평가합니다. "혁신과 공존"이라는 키워드가 적어도 이 사업단의 지속과 함께 교육학의 핵심을 건드리면서, 동시에 또 다른 영역으로 확장될 수 있는 힘을 보여줄 수 있길 기대합니다. 이 점에 있어서 한 가지 말씀드리고 싶은 게 있습니다. 정말 "혁신과 공존"이 같이 존재할 수 있는 평화롭고 안정된 교육 연구의 모델일까요? 제가 보기에는 여기에는 딜레마 상황이 포함되어 있다고 생각합니다. 그 이유는 간단합니다. 교육은 한 사회를 유지시켜주는 힘입니다. 즉, 교육은 한 사회 내 변화시키지 않고 고스란히 끌고 가야 될 것들을 보존하면서 다음 세대에 그걸 전달해 주는 사회화 과정이기 때문입니다. 이와 동시에, 교육은 늘 뭔가 바꾸라고 얘기합니다. 실제 교육이란 이름으로 세상은 한 자리에 머물러있지 않고 늘 변화를 이뤄가고 있습니다. 그런데 이는 유지, 보존으로 교육을 보는 입장과 다른 이야기죠. 어쩌면 완전히 반대쪽에 위치한 이야기라 할 수 있습니다. 즉, "혁신과 공존"은 '변화시키고 키우고 바꿔야 한다'는 주장과 '유지, 보존시켜야 된다'는 주장을 같은 선상에서 바라보는 이야기입니다. 뭐, 그 자체로 모순이죠. 변화와 유지가 동시에 있다니. 그래서 교육의 본질은 늘 갈등과 긴장이 자리할 수밖에 없다고 생각합니다. 따라서 혁신은 그 밑바닥의 말할 수 없는 갈등과 긴장을 전제해야 됩니다. 공존도 마찬가지입니다. 공존이란 서로

다른 생각을 하는 사람들끼리, 서로 다른 방식으로, 서로 다른 주제에 대한 이야기를 하면서도 같이 살아가는 것을 의미합니다. 사실 교육이 해야 할 일이 바로 이것이며, 그래서 교육은 역설이자 난장입니다. 만약 이를 허용하지 않고 조용하고, 순응하게끔 한다면 제대로 된 교육이라 부르기 어려워질 수 있습니다. 따라서 "교육의 혁신과 공존"이라는 이야기 뒤에 존재하는 복합적이고, 다차원적이고, 복수적인 모습의 교육들을 같이 볼 수 있었으면 좋겠습니다. 그래야 혁신이라는 말이 우리한테 가져다 줄 교육의 모습들을 조금 더 입체적으로 설명해 줄 수 있지 않을까 싶습니다.

> **교수님의 연구 중, 혁신과 공존이라는 키워드랑 가장 맞닿아 있다고 생각하시는 연구가 있다면 하나만 소개 부탁드려도 될까요?**

제가 쓴 책 중에 『인권과 학교 교육』이라고 하는 책이 있습니다. 왜 학교 교육에서 인권이 중요한지, 학생인권과 관련된 이야기를 하는 것 자체가 학교 사회를 더불어 살아갈 수 있는 공간으로 인식하게 하고 만들어가는 데 도움이 되는지와 관련된 이야기를 담고 있습니다. 요즘 각 지자체에서 학생인권조례를 두고 이런저런 변화가 생기는 듯합니다. 교사들의 자살 및 업무부담 문제가 사회적인 이슈가 되면서 불똥이 학생인권조례로 튄듯한 인상이 강합니다. 학생인권조례가 제정되어 생긴 학교의 변화가 마치 교권을 상실하게 한 것인양 논의되고 있습니다. 그리고 인권교육은 인성교육과 달라서, 인권교육이 아닌 인성교육을 해야 한다는 식의 이야기도 있습니다. 오죽하면 인성교육법이 다 등장했겠습니까? 그런데 우리는 지금껏 인성교육을 통해서 학생들을 기성세대의 기준에 맞게 만드는 시도를 해오지 않았나, 비판적으로 얘기할 수 있을 듯합니다. 저는, 사회를 더 폭넓게 보고 더불어 같이 살아야 될 사람들을 보듬어 안거나 아니면 살필 수 있도록 하는 것이 진취적인 인성교육이자 인권교육의 개념이라 생각하기 때문입니다. 기존의 시스템을 유지 존속하는 차원이 아니라 새롭게 바꿔 나가는 것들이 새로운 세대에게 훨씬 더 잘 맞는 시스템이 아닐까 생각합니다.

3) 마무리

> **앞으로 대학원에서 훌륭한 학자를 꿈꾸며 공부하고 있는 사람들에게 한 말씀 부탁드려도 될까요?**

공부를 하기 위해 대학원에 왔다는 점을 잊지 말라는 이야기를 꼭 해주고 싶습니다. 교육학과 대학원에 1년에 대략 많게는 100명 가까운 석박사생들이 들어옵니다. 이 많은 학생들의 입학 및 대학원 과정에의 참여는 한두 가지의 간단한 목표로 좁혀지지 않을 다양한 이유와 동기가 있을 겁니다. 취업이 전부라고 할 사람이 있을지 모르겠지만, 대학원에서 마치 직업 훈련원과 마찬가지로 취업을 준비한다거나 특정한 기술을 배우기 위해서 대학원에 온 것은 아닐겁니다. 직업 훈련원에 온 것이 아닌 이상, 대학원이 어떤 곳인지 대학원에서 어떤 공부를 해야 되는 건지 스스로 어떻게 자기의 학문적인 성장을 이룰지 터득해 나갈 수 있어야 합니다. 영역마다 다를 수 있겠지만, 배움의 방식은 학문이 무엇이고 자기가 왜 이 길을 가야 되는지에 대한 자기 설득이 충분해야 성취 가능합니다. 이를 위해

취할 수 있는 활동은 너무도 분명합니다.

독서. 무조건 읽어야 돼요. 제 방에 대략 한 4천 권의 책이 있습니다. 이 책들을 다 읽는데는 시간이 걸리겠죠. 1년에 약 200권을 읽는다면, 총 20년 걸리고, 1년에 약 4백권을 읽는다면 한 10년 정도 걸립니다. 시간도 시간이지만, 독서라고 이야기할 수 있는 정도, 깊이, 방법 또한 배워야 합니다. 물론 이유와 방법은 정말 다양할 겁니다. 대학원에서 읽는 방법을 꾸준히 연습해야 하고, 또 배워야 하는 필요성을 발견하여 노력해야 합니다.

쓰기. 대학원에서 와서 배우는 것은 결국 글쓰는 것으로 집약됩니다. 끊임없이 써야 돼요. 학위 논문 쓰는 것만이 아니라, 앞서 이야기한 독서 후 서평 쓰는 것이 습관화되도록 하셔야 됩니다. 그렇지 않으면 잊어버립니다. 나중에 기억 안 나면 소용 있겠어요? 따라서 끊임없이 써야 되는 겁니다. 이게 짧은 글이든 긴 글이든 읽고, 생각을 가다듬고, 자기가 가다듬은 생각을 하나의 주장으로 만들어, 다른 사람들에게 설명하고 설득하기 위한 글을 써야 합니다. 그 훈련을 받기위해 여러분은 대학원에 와있는 것입니다.

토론 및 논쟁. 자기 생각을 말로 정연하게 쓰는 것도 중요하지만, 시공간적으로 함께 살아가는 사람들과 즉각적으로 생각들을 교류하는 장을 대학에서 제공해주고 있습니다. 어쩌면 서울대가 그걸 가장 잘 제공해 줄 수 있다고 생각합니다. 비슷한 생각을 가지고 비슷한 영역을 공부하는 사람들과 바로 옆에서 이야기할 수 있다는 점은 정말 좋은 환경이라는 뜻입니다. 사실, 글을 쓰고 그에 대한 답변을 듣는 거 정말 쉽지 않습니다. 그렇지만 수업 시간에는 가능한 일입니다. 이 좋은 환경을 적극 활용할 수 있는 중요한 토론과 논쟁의 기회를 놓치지 않길 바랍니다.

성찰. 성찰은 관점을 만들어나가는 과정입니다. 관점은 정해져 있지 않습니다. 끊임없이 변하죠. 내 생각이 어떤 흐름 속에서 바뀌어 나가는지를 스스로 알고 있어야 합니다. 내가 어떻게 바뀌었는지, 내가 왜 그렇게 바뀌었는지를 그 누구도 아닌 내가 설명할 수 있어야 비로소 생각하는 방법을 훈련받은 사람이라고 얘기할 수 있습니다. 적어도 대학원에서 배워야 할 것들이 이 부분에 있다고 생각합니다. 더 나아가 학자이자 연구자로 훈련받는 사람들의 머릿속에 어떤 일이건 해결 가능한 혹은 설명 가능한 뭔가가 있다는 것, 모든 현상에는 이유가 있다는 생각은 변하지 않아야 한다고 생각합니다. 그래야 끊임없이 질문을 할 수 있어요. 어렸을 때는 부모님을 쫓아다니며 '왜?'를 멈추지 않지만, 어느 순간 우리는 그런 질문을 잊어버리게 됩니다. 남들이 준 지식과 체계를 안에 차곡차곡 쌓아놓는 것이 중요해지는데, 그보다 훨씬 더 중요한 것은 자기 스스로 남이 시키지 않은 내 삶의 지적 체계를 만들어나가는 과정이라 생각합니다. 모든 일에 대한 이유를 캐묻고 답하려고 노력하는 일에서 그 첫 출발이 시작되고요. 그 작은 결실이 학위 논문이 될 거예요. 너무 거창하게 생각을 안 하셔도 될 것 같습니다.

LEE SEONYOUNG

현재 서울대학교 교육학과의 교육심리 교
수이며, 영재교육, 창의성 교육, 재능개발
에 관심을 가지고 있다.

이선영
교수

창의성과
재능 개발을 위한
교육연구

1) 학자로서의 삶에 대하여

> **교수님의 '학자'로서의 정체성이 궁금합니다.**

저는 학자로서보다는 연구자로서의 역할을 먼저 생각하고 싶어요. 연구자로서의 역할은 저에게 주어진 연구, 교육, 그리고 사회 활동을 성실히 수행하는 것이라고 생각합니다. 이 세 가지 일들을 해 나가며 저는 자신의 학문적 정체성을 찾아가고, 학생들에게는 교수로서 지식을 전달하는 역할을 충실히 수행해 나갈 수 있게 되는 것 같습니다.

막 교수로 임용된 신진 학자로서의 저를 떠올려보면, 이러한 일들이 저를 형성하는 요소이며, 저의 역할을 결정하는 중요한 기준이라는 생각을 잘 못했던 것 같아요. 특히 국내외 연구 활동, 해외 학회 활동 등을 통해 저의 연구와 교육의 경험들이 축적되면서, 점차 늘어나는 사회활동의 경험이 저를 정의하는 데 있어 특히 중요한 부분이라는 생각이 듭니다. 감사하게도 정부 기관이나 교육청, 국책 연구소 등에서 다양한 역할을 수행하는 기회도 많아지고 있어 전문성을 학교나 주변 사람들, 또 그 이상의 다양한 사람들과 나누는 기회가 점차 늘어나고 있어요. 이러한 경험들이 저를 전문성 있는 학자로 성장시키는 중요한 요인이며, 그렇게 제 정체성이 형성되어가는 과정이라고 생각합니다. 앞으로 저에게 주어질 역할이 기대되고, 그러한 역할들로 인해 제 정체성이 어떻게 형성되어 갈지 저도 기대 중입니다.

교수님께서 '교육심리'를 주 전공으로 선택하신 이유가 듣고 싶습니다.

제 전공은 특정하게 말하자면 영재교육, 창의성 교육, 그리고 재능 개발 교육입니다. 유학을 가서 처음 깨달은 사실인데, 우리나라에서 교육심리학은 교육학과의 하위 분야로 취급되지만, 미국에서는 교육심리학이 별도의 학과로 존재합니다. 그 안에는 다양한 세부 전공이 있고, 이는 학교마다 약간씩 차이가 있어요. 제가 유학했던 대학교에서는 인지학, 학교 심리학, 측정 및 평가, 그리고 영재 및 창의성 교육이 세부 전공으로 있었습니다.

저는 개인적으로 학습 동기에 관심이 크게 있었고, 특히 학교와 교육 현장에서의 학습 및 성취 동기에 주목해왔습니다. 그래서 석사 과정에서 이런 분야를 집중적으로 공부했습니다. 원래 제 전공은 심리학이었는데, 동기에 대한 흥미 때문에 교육 현장으로 연구 범위를 좁히다 보니 교육학과로 전과하게 된 케이스입니다.

교육학과로 전과한 후에 교육심리학을 공부하게 되었고, 학습 동기에 대한 연구를 더 깊이 있게 하던 차에, 학습을 잘하거나 성취 의지가 강한 학생들을 연구 대상으로 선택하면 학습 동기에 관한 연구를 더욱 효과적으로 할 수 있겠다는 생각이 들었습니다. 그리고 이러한 생각에서 영재 교육 분야 연구를 시작하게 되었습니다.

한편, 미국에서 유학을 하게 되었을 때, 제가 가르침을 받게 된 토렌스 박사는 창의성의 대가로서, 영재 교육보다 창의성 교육에 더 많이 집중하곤 하셨는데요, 저의 학문적 견해도 이런 흐름에 맞춰서 변화하게 되었습니다. 영재 교육이나 창의성 교육을 일반적으로 아우르는 개념이 바로 재능 개발 교육인데요, 그래서 제 세부 전공을 굳이 구체적으로 말하자면 영재 교육, 창의성 교육, 그리고 재능 개발 교육이라고 할 수 있겠습니다.

학습 동기에 대한 제 관심이 결국 영재 교육을 공부하게 만들었고, 그 과정에서 창의성 교육도 공부하게 되었네요. 이 모든 과정을 통해 학생들의 재능을 발견하고 개발하는 것이 중요하다는 사실을 깨달은 동시에 재능을 어떻게 하면 타인과 지역사회, 국가, 심지어는 인류사회와 공유할 수 있을지에 대한 문제에 눈을 돌리게 되어 지금의 연구 주제까지 이어지게 되었습니다.

교수님의 연구(분야)에 대해 소개를 부탁드려도 괜찮을까요?

저의 연구는 크게 재능의 발견, 개발, 그리고 공유의 세 가지 주요 영역에 초점을 맞추고 있습니다. 재능의 발견과 개발 영역에서 저는 대학원 졸업 후부터 영재 교육 프로그램에 대한 연구를 진행해왔습니다. 보통 사람들이 영재 교육에 대해 얘기할 때, '공정하지 않다'는 비판을 많이 하곤 하지만, 저는 영재 교육을 '개인차 교육'으로 바라보고 있습니다. 사람들은 모두 다른 얼굴, 성격, 가정 환경을 가지고 있듯이, 각자 가진 재능도 서로 다르기에 이에 맞춰 교육이 이루어져야 한다는 것이죠. 또한, 재능은 태어날 때부터 결정되는 선천적인 요소도 중요하지만, 그보다 더 중요한 것은 성장하는 과정에서 재능을 어떻게 발전시키고 활용하는가입니다.

교육자의 역할은 여기에서 매우 중요하게 작용합니다. 교육자의 주된 역할은 학습자를 이해하고, 그들의 잠재력을 최대한 발휘할 수 있는 교육 방법을 개발하고 제공하는 것입니다. 미국 노스웨스턴 대학에서 7년 동안 영재 교육 및 창의성 교육 프로그램에 대한 연구를 진행하면서, 이런 점을 체계적으로 이해하고, 학생들의 재능을 발견하고 개발하는 방법에 대한 여러 가지 연구를 수행해왔습니다.

하지만 이런 연구 활동을 통해 발견한 한 가지 문제는, 재능이 일정 수준으로 개발된 후에는 이에 대한 교육적 관심이 크게 떨어진다는 것입니다. 이러한 문제를 해결하기 위해, 재능의 공유에 대한 연구를 시작하게 되었습니다.

재능의 공유 영역에서 저는 재능이 개발된 후에 이를 어떻게 사회적으로 공유하고 활용할 수 있을지에 대한 교육 방법에 관해 연구를 진행하고 있습니다. 이는 개발 이후의 과정, 즉 재능을 어떻게 공유하고 활용할 것인지에 대한 교육을 강조하는 것입니다. 재능을 사회에 공유하게 하기 위해선 영재들이 리더십을 발현할 수 있도록 교육하는 것이 중요하다는 생각을 가지고 있습니다. 그래서 재능 공유의 측면에서 영재들이 자신의 재능을 발휘하여 리더로서의 역량을 키워 사회에 기여할 수 있도록 돕는 연구 역시 많은 관심을 가지고 진행 중에 있습니다.

2) 혁신과 공존에 대하여

혁신과 공존이라는 단어에 대해서 교수님께서 어떻게 생각을 하고 계신지 인사이트를 얻고 싶습니다.

저는 BK21의 '혁신과 공존'이 단순히 새로운 주제가 아니라, 제 연구주제와 일맥상통한다고 생각합니다. 혁신이란 기본적으로 새로운 아이디어나 방법을 도입하는 것으로, 특히 기술이나 공학 분야에서는 이를 '이노베이션'이라고 부르죠. 새롭게 생각하고 기존의 것들과 다르게 행동하는 것, 이것이 혁신의 본질입니다. 그러나 이러한 혁신이 사회적 맥락 안에서 받아들여지고 이용될 수 있어야 그 진정한 가치가 발휘되죠.

제 연구주제와 관련지어 보면, 혁신은 창의성과 관련지을 수 있고, 창의성이란 새로운 아이디어를 생성하고, 기존의 틀에서 벗어나 다르게 생각하고 행동하는 것을 의미합니다. 그러나 그러한 창의성이 사회적인 맥락 내에서 받아들여지고, 가치를 창출할 수 있어야 실질적인 혁신이 일어납니다.

'공존'이란, 각자가 가진 아이디어가 사회적인 테두리 안에서 어떤 가치를 공유하며, 그 가치를 통해 발전할 수 있는 토대라고 생각합니다. 창의적 아이디어가 사회적으로 받아들여지고 적용될 수 있는 가능성을 '이용성'이라고 부르는데, 이것이 '공존'과 맞닿아 있는 개념이라 이야기하고 싶습니다. 즉, 혁신적인 아이디어가 사회적인 틀 안에서 수용되고, 사회가 그 가치를 인정하고 함께 나눌 수 있어야 진정한 공존이라고 볼 수 있을 것입니다. 그런 의미에서 '재능 공유'는 사회적 맥락에서의 공존을 실현하는 한 가지 방법이라고 볼 수 있다고 생각합니다. 즉, 재능을 가진 사람들이 그 재능을 창의적으로 발휘하고, 그 결과를 사회가 이용할 수 있도록 기여하고, 그 가치를 함께 나눌 수 있도록 돕는 것이죠.

현재 제가 추구하고 있는 주제나 개발하고 있는 교육 프로그램은 이와 같은 혁신과 공존의 개념을 중심으로 이루어지고 있으며, 그것이 BK21 사업의 주제인 '혁신과 공존'과 연결되어 있다고 생각합니다.

> **'혁신과 공존'을 더 깊게 이해하는 데에 도움이 되는 책이나 논문을
> 추천해주실 수 있을까요?**

　　　　　　　　　　논문들은 대학원생이나 연구자들에
게는 유익하겠지만, 일반 대중들에게는 접근하기 어려울 수 있죠. 그
래서 일반 대중들에게 창의성에 대해 쉽게 이해할 수 있도록 『창의성
바로미터』라는 책을 2022년 3월에 출간하였는데요, 이 책이 '혁신'과
밀접하게 관련되어 있는 '창의성'에 대해 알아갈 수 있는 지침서가 될
수 있을 것이라 생각합니다. 창의성이란 무엇이며, 이것이 어떻게 혁신
을 이끌어내는지에 대해 이해할 수 있도록 도울 수 있을 것입니다.

　2021년에는 『우리 아이도 영재를 키울 수 있다』라는 책을 출간하
였습니다. 이 책은 부모님들과 교육자들, 그리고 일반 대중들에게 영재
교육과 재능 개발 교육에 관한 유익한 정보를 제공하고자 했습니다.
재능 개발 교육에 대해 설명하면서, '공존'의 핵심 개념으로서 각자가
가진 아이디어가 사회적인 테두리 안에서 공유하고 있는 가치, 그리고
그 가치를 통해 발전할 수 있는 방법에 대해 다룹니다. 영재 교육의 필
요성과 가치, 재능 공유의 측면에서 나아가야 할 방향성에 대해 다루
며 혁신이 이루어질 수 있는 환경을 만드는 데 필요한 요소들을 다루
고자 하였습니다. 이 두 권의 책이 저의 연구와 진행하고 있는 교육 프
로그램, 그리고 '혁신과 공존'이라는 개념에 대한 이해를 돕는 데 매우
유용할 거예요. 따라서 이 두 권의 책을 추천드립니다.

3) 마무리

> 학자가 되고 싶은 사람들에게 어떤 조언을 해주고 싶으신가요?

　　　　　　　　　　　　제일 중요한 것은 현재에 충실하는 것입니다. 여러분이 진로에 대해 고민하는 것은 당연한 일이지만, 고민에만 매몰되어서는 안 됩니다. 미래를 걱정하더라도 그것이 지금 당장 해결될 일은 아닙니다. 이런 미래에 대한 불확실성을 고민하는 대신, 현재를 즐기는 것이 더 중요합니다.

공부는 마라톤과 같습니다. 마라톤에서 결승점을 고려하면서 달리게 되면, 달리는 과정 자체가 힘들고 재미없어집니다. 그러나 현재를 즐기며 달릴 때, 우리는 주변에서 배우고 경험할 수 있는 소중한 것들을 발견하게 됩니다. 그런 것들을 느끼면서 지나가는 것이 중요합니다.

진정으로 재미있게 공부했으면 좋겠어요. 공부는 열심히 하는 것이 중요한 것이 아니라 재미있게 하는 것이 중요해요. 현재를 즐기고 최선을 다해서 진정으로 열정을 가지고 하고 싶은 일을 하면, 좋은 기회와 경험을 할 수 있는 시간이 올 것입니다. 현재를 최선을 다해 즐기세요.

공부를 어떻게 재미있게 할 수 있을까요? 이것은 사람마다 다를 수 있습니다. 그럼에도 불구하고 공부가 너무 힘들어서 본인이 불행하다고 느낄 때는 하지 말라고 조언하고 싶습니다. 인생은 한 번뿐입니다. 그 시간을 힘들게 보내는 것은 너무 아깝습니다.

만약 당신이 공부를 통해 만족감과 성취감을 느낀다면, 그것이 바로 '재미있는 공부'라고 할 수 있을 것입니다. 그러나 공부가 너무 힘들고 스트레스를 받는다면 안 했으면 좋겠어요. 스스로가 너무 불행하다고 생각하는 일을 하지 않기를 바라요.

LIM CHEOLIL

현재 서울대학교 교육학과의 교육공
학 전공 교수이며, 교수설계, 이러닝
설계, 기업교육 등의 분야에 관심을 가
지고 있다. 또한 AI나 메타버스 같은
다양한 최신 기술과 교육의 연결 방안
에 대해서도 연구하고 있다.

임철일
교수

교수설계를 통해
how에 답하는
교육연구

1) 학자로서의 삶에 대하여

| 교수님께서 대학원에 들어가 학자가 되어야겠다고 생각하신 계기
| 는 무엇인가요?

많은 학생들이 그랬듯이 교육학과에 입학한 후에 저 역시 진로에 대해서 여러 고민들이 있었습니다. 이런 저에게 가장 큰 영향을 준 것이 바로 당시 교육학과 교수님이셨습니다. 이홍우 선생님, 김신일 선생님, 김기석 선생님 같은 여러 교수님들께서 보여주셨던 학문에 대한 자세나 열정에 감명을 받았었고, 교육학이 제시하는 교육에 대한 넓은 관점이 매력적으로 느껴졌습니다. 한편으로는 저 자신도 교수와 같은 학자가 교사보다 더 큰 전문성과 영향력이 있다고 생각했기 때문에 학자의 길을 선택하게 되었습니다.

| 교수님께서 석사 때 교육사회학을 전공하신 것으로 알고 있습니다.
| 그런데 교육공학으로 전공을 바꾸신 계기가 있을까요?

전공 당시(80년대 말에서 90년대 초반)에는 컴퓨터가 새로운 문물이었고, 아직 많이 알려지지 않았었습니다. 당시에 컴퓨터 프로그램을 처음 접하고 공부해보면서 컴퓨터의 교육적 활용 가능성이 있을 것이라는 생각을 했습니다. 또한 국가적으로도 이런 점을 인식하여 관련 분야에 대해 국비 유학 등의 지원을 하고 있었습니다. 이런 흐름에 따라서 박사에서는 교육공학을 전공하게 되었습니다.

그럼에도 여전히 교육사회학에서 배웠던 것들이 저에게 영향을 미쳤습니다. 당시 김신일 선생님께서 '교육의 민주화'라는 개념을 강조하셨는데, 이는 교육의 중심이 국가에서 시민으로 이동하고 시민들이 교육을 주도하는 것을 의미합니다. 저 역시 국가가 교육에서 중요한 역할을 함을 인정하지만, 국가주도교육만으로는 다양한 주체들의 요구를 충족하기는 힘들다고 생각합니다. 제가 학교 교육뿐만 아니라 기업 교육에 관심을 가졌던 것도 이런 맥락과 관련이 있습니다. 미국에서 공부하면서 인상적이었던 것은 교육 프로그램 설계가 학교뿐만 아니라 기업이나 의사 등 전문직 집단을 대상으로도 이루어진다는 점이었습니다. 그런 것들을 보면서, 공교육뿐만 아니라 기업교육이나 평생교육 같이 더 세분화되고 다양한 주체들의 교육적 요구에 관심을 가지게 되었습니다.

교수님께서는 학자로서의 어떤 정체성을 가지고 계시나요?

각자의 학문의 영역에 따라서 다르겠지만, 어떤 학문은 사회적 상황이나 문제와 맞물려 있고, 특히 제 전공인 교육공학은 더 그렇다고 생각합니다. 교육공학은 처방적 학문이기 때문에 문제의 원인(why)보다는 이를 해결하는 방법(how)에 답변하는 것을 더 중시합니다. 현장의 문제를 다루면서 how에 관심을 가지게 되지만, 반대로 이런 how에 대한 질문에 답변을 하는 과정에서 실제 현장의 문제를 다루게 되기도 합니다.

2) 혁신과 공존에 대하여

> 학자로서 우리 BK21 교육연구사업단의 '혁신과 공존'이라는 키워드가 선생님에게는 어떤 의미를 가지고 있나요?

먼저 혁신에 대해서 말을 하면, 최근 제가 『교육공학과 수업』이라는 책을 개정하는 작업을 하고 있습니다. 교육공학 개론서이면서 교사들을 대상으로 하는 책이기도 한데, 교육공학의 기초를 정리했다는 점에서 의미가 있습니다. 하지만 책에서 다루고 있는 이론적인 틀은 모두 미국의 교육공학 연구 결과가 중심이 됩니다. 한국에서도 교육공학자들이 미국의 교육공학 이론을 바탕으로 이를 한국적 상황에 맞게 적용하는 연구들을 했고, 그 결과로 다양한 미시적인 모형과 교육 원리들이 많이 도출되었습니다. 이는 의미 있는 결과지만 여전히 기존 미국 중심 교육공학 이론을 대체하거나 뛰어넘을 거시적인 이론적 틀은 나타나지 않았다는 점에서 한계가 있습니다. 이제는 한국에서 이루어진 기존의 미시적인 연구 성과들을 종합하여, 한국만의 거시적인 이론적 틀이 만들어질 수 있으면 좋겠습니다. 만약 그런 틀이 만들어지면 저는 그것이 세계적으로도 통용되는 이론이 될 수 있을 것이라 생각합니다. 미국의 이론들도 미국의 교육 상황에 맞게 만들어졌지만 한국에서 통용되었듯이, 한국의 이론도 그럴 수 있습니다. 저는 이런 것이 우리가 이루어야 할 중요한 혁신이라고 생각합니다.

> **혁신에 대해서 말씀해주셨는데, 그러면 공존에 대해서는 어떻게 생각하시나요?**

저는 데이터 접근의 제한성 때문에 대학과 기업 중심으로 연구를 해왔습니다. 하지만 최근에는 중등교육 맥락에도 더 관심을 가지게 되었습니다. 교육학과 교수님들뿐만 아니라, 교과교육학 교수님들과의 협업을 통해서 다양한 모형과 이론을 만드는 작업을 하고 싶습니다. 관련된 학문 분야에 계신 분들과의 협업이 저에게는 일종의 공존이라고 볼 수 있습니다. 한 가지 흥미로운 점은 AI라는 새로운 테크놀로지가 이런 공존의 기폭제 역할을 한다는 점입니다. 최근 사범대에 AI융합교육학과가 만들어졌는데, 새로운 분야이다 보니 교육학 교수님들과 교과교육학 교수님들이 함께 운영을 하게 되었습니다. AI와 같은 새로운 테크놀로지가 분야들 간의 공존과 협업을 촉진한다는 점이 주목할 만한 것 같습니다.

3) 마무리

> **이 글을 보고 있을지 모르는, 대학원생들을 위한 조언이 있으신가요? 혹은 현재 관점에서 과거의 본인에게 하고 싶은 말도 괜찮습니다.**

연구를 하다보면 현실에서 프로젝트 등의 형태로 다양한 질문이 떠오르고 학생 여러분들이 이에 대한 대답을 하게 됩니다. 그런데 이 모든 과정을 하면서도 항상 일관되게 가는 long term theme을 잡아서 자신이 하는 다양한 활동들을 거시적인 이론적 틀로 수렴하려고 노력해야 합니다. 그렇지 않으면 세부적인 것들에만 매몰되어 큰 흐름을 놓칠 수 있습니다. 예를 들어 교육학과 교수이셨던 김신일 선생님께서는 당시에는 관심을 받지 못했던 평생학습이라는 주제에 대해서 꾸준히 연구를 하셨습니다. 저 역시도 당시는 생소했던 교수설계라는 주제에 관심을 가지고 계속 연구를 하고 있습니다. 지금도 인공지능이나 메타버스 같은 새로운 테크놀로지들에 관심을 가지지만, 그에 대한 연구가 교수설계라는 큰 틀에서 벗어나지 않습니다. 이렇듯 다양한 연구를 하면서도 자신만의 장기적인 관심이나 주제를 가지는 것이 필요합니다.

교수님께서는 항상 넘치는 에너지를 가지고 연구와 프로젝트에 몰두하시는 것 같습니다. 마지막으로 그 에너지의 비결을 소개해주실 수 있을까요?

저희 세대는 의식적이든 무의식적이든, 자신의 성취가 사회의 도움을 받아서 이루어진다는 점을 항상 생각하고 있습니다. 제가 박사 유학을 하던 당시에 문과는 대체로 자기 돈으로 오는 경우가 많았고, 특히 제가 나온 인디아나 대학교가 작은 도시에 있었기 때문에 일자리도 구하기 힘들었습니다. 그 때 앞에서 말했던 국비 유학을 비롯하여 국가 시스템의 도움을 크게 받았고 제가 받은 만큼 보답을 해야 한다고 생각했습니다. 이를 위해서 제가 하는 일에 항상 최선을 다해야 한다는 책임감을 가지고 있습니다. 저는 이런 가치가 모든 세대가 가져야 할 보편적 가치라 할 수 없고, 그것을 다른 세대에 강요할 수 없다고 생각합니다. 하지만 책임감이 단순한 짐이 아니라 삶의 에너지가 될 수도 있다는 것은 사실입니다.

한편으로는 우리 연구실에 있는 많은 대학원생들이 제가 힘을 낼 수 있는 원천이기도 합니다. 국내 대학원 중에 서울대학교처럼 대학원이 잘 운영되는 경우가 많지 않고, 저도 서울대에 오기 전에는 대학원생들이 없어 할 수 있는 일에 한계가 있었고, 같이 연구를 할 사람도 없었습니다. 서울대에는 연구실 협력 시스템이 잘 갖춰져 있어 제가 더 열심히 할 수 있는 환경이 만들어진 것 같습니다. 또한 학생들이 열심히 해주니 저도 더 힘을 낼 수 있는 것 같습니다.

JEONG DONGWOOK

현재 서울대학교 교육학과의 교육행
정 교수이며, 교육재정, 교육경제, 교육
정책에 관심을 가지고 있다.

정동욱

교수

효율성, 형평성을
위한 교육연구

1) 학자로서의 삶에 대하여

> 교수님의 '학자'로서의 정체성이 궁금합니다.

저는 교육행정이라는 학문분야를 하고 있습니다. 교육행정은 타 전공에 비해서 특히 실천적인 특성이 두드러지는 영역이라 볼 수 있습니다. 그렇다고 실천적인 연구만 하는 것이 아니라, 이론도 함께 탐구해야 하는 학문입니다. 보통 '상보성이 있다'고 이야기를 하죠. 서로 엮여 있어 모자란 부분을 보충하는 관계로, 실제 현실에서 의미를 찾고, 이론을 탐구하여 실제 현실을 모형화하고, 다시 실제로 돌아가서 사회 현실을 더 바람직한 방향으로 이끌어갈 수 있도록 합니다. 이처럼 이론과 실천, 두 가지를 모두 잘 할 수 있도록 역량을 겸비하는 것이 제가 삼고 있는 학자 또는 연구자로서의 정체성이라고 이해하고 있습니다.

> 교수님께서 '교육행정'을 주 전공으로 선택하신 이유가 듣고 싶습니다.

교육행정을 연구하고 가르치는 이유 중에 하나는 교육행정이 가장 영향력 있는 학문 전공 중 하나라는 점을 느끼고 있기 때문입니다. 정책이나 행정이 우리 교육 현장을 많이 바꿀 수 있고 우리의 삶을 바꿀 수 있는 가장 중요한 영역이라고 생각해서 교육행정을 공부하고 있습니다.

사실 아이러니라고 할 수 있는데, 제가 학교 다닐 때는 사실 연구나 학문을 할 것이라 예상하지 못했어요. 실제로 학부생 때 취업을 꿈꿨었고, 졸업 후 교육부 사무관으로 공직 생활을 했었습니다. 원하던 '취업'이라는 목표를 달성하고, 앞으로 공직에서의 커리어를 계속 만들어 가는 것에 대해서만 생각을 했습니다.

그런데 막상 실제로 정책을 설계하는 일을 하다 보니 제가 많이 모르고 있다는 것을 깨달았습니다. 정책이 실현하고자 하는 내용에 대해서 모르기도 했고, 정책이 어떻게 이루어지는지 그 과정에 대해서 모르는 것이 많았죠. 그런데 더 중요한 것은 정책을 통해 해결해야 하는 사회의 문제가 무엇인지 자체를 모른다는 점이었습니다. 문제를 모른다는 것이 문제였죠. 예를 들어, 사교육이 왜 발생하는가, 현재의 입시 정책이 왜 문제인가 등등 교육 현상에 대해 많이 모르고 있다는 것을 느꼈습니다. 그렇게 더 나은 정책 제정 및 집행을 위해 더 공부해야 겠다는 마음을 가지게 되었고, 그렇게 교육행정에 대해 공부하고 연구하는 길을 택하게 되었습니다.

교수님의 연구(분야)에 대해 소개를 부탁드려도 괜찮을까요?

저는 지금까지 주로 두 개의 분야에서 연구를 진행해 왔습니다. 첫 번째 분야는 '학교 의사결정 구조 (School Governance)'에 관한 연구입니다. 간단하게 말하자면, 학교 내에서 이루어지는 교육 결정은 누가 하는 것이 가장 효과적인지, 그리고 그 결정 구조가 학생들에게 어떻게 도움을 줄 수 있는지를 중심으로 논의하고 있습니다. 이는 교육 분권화에 대한 논의와 밀접하게 관련되어 있으며, 저는 중앙정부가 아닌 지방정부, 또는 학교 자체에서 의사결정을 할 수 있도록 하는 구조적 변화를 지향하고 있습니다.

두 번째 주요 연구 영역은 '교사 쏠림 현상'에 대한 것입니다. 이는 교육의 중요한 자원인 교사의 배치와 관련이 있습니다. 교육에는 여러 가지 자원이 필요하지만, 그 중에서도 인적 자원인 교사의 역할은 매우 중요합니다. 그렇기 때문에 교사가 어떻게 학교에 배치되어야 하며, 학생들에게 우수한 교사를 제공하기 위해 어떻게 해야 하는지에 대한 논의가 필요합니다. 여기서 주의해야 할 점은, 교사는 다른 자원과는 달리 원하는 대로 쉽게 배분되지 않는다는 점입니다. 이로 인해 '교사 쏠림 현상'이 발생하게 되는데요, 이 현상을 어떻게 이해하고 해결해야 할지에 대한 연구를 진행하고 있습니다. 특히, 소외계층의 학생들이 우수한 교사에게 더 쉽게 접근할 수 있도록 하는 방안에 대해 연구하고 있습니다.

교수님께서 최근 관심 가지고 계시는 연구 분야에 대한 소개도 함께 부탁드립니다.

현재 진행 중인 연구는 이전에 제가 소개했던 주제와는 조금 다릅니다. 제가 최근에 주목하고 있는 것은 디지털 격차가 학력 격차에 어떤 영향을 끼치는지에 대한 연구입니다. 코로나19 팬데믹으로 인해 원격 교육이 일상화되면서, 한국이 디지털 교육 분야에서 연구가 아직 많이 부족하다는 점이 드러났습니다. 또한, 원격 교육이 장기화되면서 학력 격차가 심화되는 문제를 목격하게 되었고, 이러한 점들이 제 연구의 동기가 되었습니다.

이러한 배경을 감안하여, 제가 주로 다루고 있는 연구 주제는 교육경제학에서 말하는 '디지털 캐피탈(Digital Capital)'입니다. 디지털 캐피탈은 디지털 기술에 대한 접근성, 이용성, 참여성을 결정하는 환경적 요소를 포함하는 개념입니다. 대체로, 우리는 기술을 하드웨어나 소프트웨어의 관점에서 주로 이해하곤 합니다. 그러나 디지털 캐피탈은 이보다 한 걸음 더 나아가, 디지털 기술을 사용하는 능력 역시 중요한 자산으로 인식하며, 이에 따른 인적 자원(human capital)을 함께 고려합니다.

한국을 포함한 IT 선진국들은 높은 수준의 디지털 캐피탈을 보유하고 있으며, 이를 끊임없이 증진시키고 있습니다. 그러나 이러한 디지털 캐피탈이 학교 교육에 충분히 활용되지 못하는 것이 현실입니다. 예컨대 교사와 학생들은 개인적으로 디지털 디바이스를 많이 사용하고, 그것을 사용할 수 있는 능력도 보유하고 있지만, 실제로 디지털 기술을 수업에 효과적으로 활용하는 데에는 한계가 있습니다. 이에 저는 학교가 디지털 캐피탈을 어떻게 투자해야 보다 향상된 교육 환경을 보장할 수 있는지에 대해 심도있게 연구하고 있습니다. 구체적으로, 교사와 학생들이 디지털 기술에 대한 이해를 가진 능력, 즉 '디지털 리터러시(Digital Literacy)'와 디지털 환경에서의 자신감, '디지털 자신감(Digital Confidence)'을 강화하는 것이 교육에서 디지털 캐피탈의 활용을 보장하는 핵심적인 방향성이라고 생각합니다. 이처럼, 현재 진행 중인 연구는 학력 격차를 최소화하는 것을 주요 목적으로 삼고 있으며, 디지털 캐피탈을 교육 현장에 적용하거나 신장하는 방안을 제시하는 연구를 진행 중에 있습니다.

2) 혁신과 공존에 대하여

혁신과 공존이라는 단어에 대해서 교수님께서 어떻게 생각을 하고 계신지 인사이트를 얻고 싶습니다.

교육행정을 비롯한 교육 분야의 연구는 항상 공공의 가치를 추구하는 목표를 가지고 있다고 생각합니다.

그 가치는 크게 '효율성'과 '형평성' 두 부분으로 나눌 수 있습니다. 우리는 종종 효율성이라는 개념을 비용 대비 성과, 즉 '가성비'로 이해하는 경향이 있습니다. 그러나 오히려 효율성은 양적이며 질적인 측면에서 산출물을 얼마나 혁신적으로 늘릴 수 있는지와 관련되어 있습니다. 이러한 관점에서, 효율성이라는 개념은 '혁신'의 주요한 중심축이 된다고 생각합니다. 한편, '공존'이라는 개념은 형평성과 맞물려 있는 공공의 가치를 잘 반영하는 개념이라고 생각합니다. 형평성이 내포하고 있는 '균형 있는 상태'의 이미지가 다양성이 함께 어우러지는 공존의 이미지를 잘 나타낸다고 생각하기 때문입니다. 이처럼, 저는 교육의 공공가치를 '효율성'과 '형평성'이라는 두 개념으로 이해하고 있습니다.

'혁신과 공존'을 더 깊게 이해하는 데에 도움이 되는 책이나 논문을 추천해주실 수 있을까요?

교육은 인권의 하나로, 국가가 국민에게 제공하는 서비스로서의 가치가 있으며, 국민은 자신이 마땅히 받을 권리로 교육을 이해하고 있습니다. 이러한 이해에 효율성과 형평성이라는 기준이 침투하게 되면, 국가와 국민 모두에게 '충분한 교육'은 어느 정도일까, 그리고 충분한 교육을 제공하지 못했을 때 어떠한 비용이 발생하고 그것이 어떻게 사회적 부담으로 이어질까에 대한 고민을 할 수 있게 됩니다. 제가 소개해드리고 싶은 책은 『The Price We Pay: Economic and Social Consequences of Inadequate Education』으로 이러한 문제를 돈의 가치로 환산해 다루고 있습니다.

저자 중 한 명은 제 박사 과정의 지도 교수님으로, 미국의 유명한 교육학자인데요, 국가와 정부가 교육에 많은 투자를 해야 하는 이유

서울대 교육학과 교수와 혁신과 공존 교육을 이야기하다

를 드러내기 위해, 아이들이 적정한 교육을 받지 못했을 경우, 사회가 부담하는 비용이 얼마나 큰지를 돈의 가치로 설명하였습니다. 이를 통해 우리가 소외계층에 대한 교육에 대해 이야기할 때, 사회적이고 경제적인 관점에서 그들에 대한 교육이 우리 사회의 부담을 줄이고, 우리가 더 나은 방향으로 나아갈 수 있는 방법임을 이해할 수 있도록 도왔습니다.

　이 책은 비슷한 맥락에서, 교육이 건강, 정치적 의사결정, 사회복지 등 다양한 분야에서 얼마나 큰 이익을 가져다주는지를 보여주는 연구들을 모아놓았습니다. 따라서 이 책을 읽음으로써, 우리는 교육이 주는 이익을 구체적으로 체감할 수 있을 것입니다. 그래서 '공존'이란 개념이 시대적인 관점에서만 받아들여지는 것이 아니라, 우리의 효율적인 투자로 인해 사회가 발전한다는 관점에서 이해될 수 있는 기회가 될 것이라 생각합니다.

3) 마무리

학자가 되고 싶은 사람들에게 어떤 조언을 해주고 싶으신가요?

　　　　　　　20년 전의 제 모습이 생각이 나네요. 그때까지 저는 사무관의 일상에 묶여 있었고, 유학을 가서 공부를 시작하게 된 후에야 공부가 이렇게 재미있는 것인지 처음으로 깨닫게 되었습니다. 물론 이 얘기를 들으면 이해를 못하는 학생이 많을 수도 있죠. 사실, 대부분의 학생들이 그랬듯 저도 학교에 다닐 때 공부는 어쩔 수 없이 해야 하거나, 취업을 위해 반드시 필요한 것으로 받아들이곤 했으니까요. 그래서 '하고 싶은 공부'라는 개념 자체를 제대로 이해하지 못했습니다.

그러나 유학생활을 시작하며, 공부의 즐거움을 체험하게 된 순간들이 있었습니다. 어느 날 밤, 잠을 자려고 침대에 누웠지만 해결하지 못한 연구 숙제 때문에 잠이 오지 않았습니다. 눈을 감아도 마음속에 그리던 경제학 그래프들이 떠올랐습니다. 그래프를 그리며 문제를 풀면서 밤을 새웠고, 그 순간 공부의 즐거움을 깨닫게 되었습니다.

제가 공부의 즐거움을 깨닫게 된 데에는 바로 열정이 밑바탕에 있었다고 생각합니다. 그래서 지금 공부하는 학생들에게 가장 중요한 것은 열정이라는 것을 이야기 해주고 싶습니다. 학문에 대한 열정, 그리고 그 이상으로 자신의 삶에 대한 열정이 가장 중요하다고요.

'중꺾마'라는 말이 요즘 유행하더군요. 가장 중요한 것은 꺾이지 않는 마음입니다. 지금도 여러분들은 잘하고 계십니다. 꾸준히 노력한다면, 언젠가는 여러분들의 꿈을 이룰 수 있을 것이라 믿습니다.

현재 서울대학교 교육학과의 교육공
학 및 학습과학 교수이며, 학습분석,
인공지능기반교육, 컴퓨터 기반 협력
학습에 관심을 가지고 있다.

조영환

교수

인공지능 시대
학습의 혁신

1) 학자로서의 삶에 대하여

> **교수님의 '학자'로서의 정체성이 궁금합니다.**

교육공학자인 동시에 학습과학자라
고 정의하고 싶습니다. 학습과학이라는 분야는 제가 학문을 시작했던
시점에서는 크게 알려지지 않았고, 실질적으로는 거의 존재하지 않았
습니다. 대신 교육공학이라는 학문으로 시작했죠.

교육공학은 처방적 성격을 띠고 있습니다. 즉, 문제를 해결하기 위
해 최적의 방법을 찾고 이를 실현하는 학문의 성격을 가지고 있습니
다. 그러나 교육 문제는 다양한 수준에서 발생합니다. 학습자 수준, 수
업 방식, 그리고 교실 안의 상황 등에서도 문제가 일어날 수 있습니
다. 그리고 문제를 제대로 해결하기 위해서는 그 문제가 발생하는 원
인, 즉 학습 현상을 이해하는 것이 중요합니다. 어떤 사람들은 학습에
어려움을 겪지만, 어떤 사람들은 학습에서 우수한 성과를 이루는지에
대한 원인을 정확히 파악하지 않는다면, 교육 문제를 해결하는 것은
어려울 수 있기 때문입니다.

이 부분에 대해 고민을 하다 학습과학을 연구하는 많은 학자와 교
류할 기회가 생기게 되었습니다. 학습과학은 교육공학 연구와 함께 학
습 이론에 관한 연구를 함께 하는 학문 분야입니다. 교육 문제의 본질
로 학습자의 학습을 탐구함과 동시에 교육공학과 완전히 분리된 분야
가 아니라는 사실을 알게 되어 관심을 가지게 되었습니다. 그렇게 제
가 관심 있는 연구 주제가 학습과학 분야와 굉장히 밀접하게 관련되
어 있음을 알게 되었고, 계속해서 관련 분야 연구를 이어오고 있습니
다. 그래서 지금은 교육공학자임과 동시에 학습과학자라고 생각하고

있습니다.

교수님께서 '교육공학'을 주 연구 주제로 선택하신 이유가 듣고 싶습니다.

교육공학을 선택한 가장 큰 동기는, 다양한 교육 문제에 대한 해결에 열망이 있었기 때문입니다. 저는 학부 시절에 교육행정에 많은 관심을 가졌습니다. 심지어 행정 고시를 준비할 만큼이었죠. 그 과정에서 저는 교육의 문제를 해결하고, 교육을 혁신하고자 하는 마음을 품게 되었습니다. 많은 사람이 생각하듯 "교육 제도를 바꾸면 그 문제를 해결할 수 있지 않을까?"라는 생각을 하며 교육 제도의 중요성에 집중했습니다.

그러나 제가 깊이 있는 연구와 공부를 진행하면서 깨달은 사실은, 제도가 바뀌었다 해도 사람들의 생각, 행동, 혹은 실제 실천이 따라 바뀌지 않는다는 것이었습니다. 또한, 역사적으로 쌓인 실천의 문제들이 새로운 제도와 충돌하는 상황도 자주 목격하게 되었습니다.

이러한 경험들로부터 저는 "교육이 바뀌려면 교실이 먼저 바뀌어야 한다"라는 결론에 도달하게 되었습니다. 교실 내에서 일어나는 교사와 학생 간의 상호작용, 학생의 학습 과정 등이 교육의 가장 근본적인 이슈라는 생각이 강해졌습니다. 그래서 교육 제도에 대한 초점에서 벗어나 교실 내에서 일어나는 현상에 더 집중하게 되었습니다. 이런 생각을 바탕으로 저는 자연스럽게 교육공학을 공부하게 되었습니다.

처음에는 "다양한 교육 문제를 어떻게 해결할 수 있을까?"라는 질문에 집중해, 온라인 학습 환경과 같은 새로운 기술이 교육 문제 해결에 매우 효과적이며 효율적일 것으로 생각했습니다. 그래서 저는 교육공학을 주 전공으로 선택하게 되었습니다. 그러나 공부를 하던 중 교육 문제를 해결하는 데 있어 문제의 본질에 집중하기 위해 학습 이론이 중요하다는 점을 인지하게 되었습니다. 제가 학자로서의 정체성을 학습과학 분야의 연구자라고 소개했는데요, 학습 이론과 교육공학의 연구를 함께 하는 분야로 학습과학을 주 전공으로 선택하여 현재 두 분야의 연구를 병행하고 있습니다.

교수님께서 가장 소중하게 생각하시는 연구는 무엇이며 그 이유는 무엇인가요?

제가 2010년대 후반에 디지털 교과서와 관련한 프로젝트를 진행했습니다. 교사들의 수업을 관찰하고 간담회를 하며, 수업 후에는 면담을 통해 디지털 교과서를 학습자 중심의 교육에 어떻게 활용할 수 있을지에 대한 논의를 교사들과 함께 진행했습니다. 그 과정에서 '활동 중심 수업 모형'이라는 것을 함께 개발하게 되었죠. 그 당시 사용한 연구 방법은 '참여 설계'라는 방식이었어요. 이 방식은 교육 이론과 실천 간 괴리를 줄이기 위해 만들어진 설계 방법으로, 교육 이론을 연구하는 학자들과 실천에 대해 잘 아는 교사들이 함께 협력해 교육을 개선할 수 있는 수업 모형을 개발하는 것이 목표였습니다. 교사들과 지속적인 상호작용을 하면서 다양한 의견을 들을 수 있었던 것이 굉장히 인상 깊었습니다. 학교 현장을 이해하고, 학교 교육의 문제를 해결하며, 인사이트를 얻는 데 많은 도움이 되었습니다.

한편, 사람들이 3차원 가상세계에서 함께 문제를 해결하며 학습하는 방법에 관해 연구한 적이 있습니다. 최근에는 '메타버스'라는 용어가 널리 알려져 있지만, 사실 메타버스는 오래전부터 있었던 개념입니다. 이것이 코로나로 인해 갑자기 인기를 얻게 된 것일 뿐이죠. 특히, 학교 폭력이나 학습 부진 학생의 문제 같은 실제 상황을 가상세계에서 재현하고, 예비 교원들이 그 안에서 각각의 역할을 수행하며 학습하는 방식에 관해 연구했습니다. 이 가상세계에서의 경험은 현실에서는 얻기 어려운 실천적인 경험을 제공하며, 그 경험을 통해 사람들이 성찰하고 학습하는 기회를 만들어줍니다. 제가 인상 깊게 여기는 부분은 가상세계에서 학교 폭력 피해자나 가해자의 역할을 수행한 학생들은 직접 그 상황을 경험함으로써 깊은 공감을 할 수 있는 기회를 가질 수 있게 되었다는 부분입니다. 이런 감정적인 경험이 그 학생들이 교사가 되었을 때, 큰 도움이 될 거라는 생각을 이 연구를 통해서 하게 되었습니다.

교수님의 주된 연구 분야와 함께 최근 관심 가지고 계시는 연구 분야에 대해 소개 부탁드려도 될까요?

제 연구는 앞서 말씀드린, '문제해결', '협력 학습', 그리고 '학습분석', '인공지능' 네 가지 주요 분야에 초점을 맞추고 있습니다. 특히 최근에는 학습분석, 인공지능과 관련하여 연구를 진행하고 있어요.

학습분석은 학습 과정의 이해와 어떤 요인들이 학습에 영향을 끼치는지 이해하는 데 중요한 역할을 합니다. 데이터 기반의 분석을 통해 얻은 결과는 교육 개선과 맞춤형 학습에 굉장히 유용하게 활용될 수 있습니다. 그래서 이 분야에 대한 연구도 활발히 진행하고 있습니다. 가장 최근에 진행 중인 연구 중 하나는 '다중양식 학습분석' 혹은

'멀티모달(multi model) 학습분석'입니다. 학습이란 과정은 오로지 언어적이거나 시각적인 방식만을 통해 이루어지는 것이 아니라, 다양한 감각 기관을 통해 이루어지며, 기술 발전을 통해 학습 과정에서 이루어지는 신체적인 움직임, 감정 표현의 변화, 감각적인 경험 등을 측정하고 분석할 수 있게 되었습니다. 이렇게 다양한 기술들을 활용하면, 학습을 다차원적으로 볼 수 있고, 학습 현상을 더 깊이 이해하는 기반을 만들 수 있어요. 이와 관련하여 2023년에 개소한 '학습과학연구소' 내 다중양식 학습분석을 수행하는 실험실을 통해서 사범대학의 모든 학생이 이 연구를 직접 수행해 볼 수 있도록, 워크숍을 개최할 계획입니다.

그리고 인공지능 기반 교육에 관심을 많이 가지고 있습니다. 최근 인공지능의 발전에 따라 교육 분야에서 인공지능 활용의 중요성이 증가하고 있죠. 예전에는 인공지능을 주로 교육 도구로 사용했지만, 이제는 인공지능과 어떻게 공존할 수 있는지, '인공지능 리터러시'에 대한 연구가 필요합니다. 그래서 인간과 인공지능이 상호 작용하는 현상과 인간과 인공지능이 협력하는 데 필요한 역량에 대한 연구를 진행 중입니다. 인공지능 시대가 도래하면서, 인공지능을 통해 일상과 업무를 효과적으로 수행하는 능력은 모든 사람에게 필요해졌습니다. 인공지능과 잘 협력하는 사람, 그렇지 못한 사람 간에는 교육적, 직업적 차이뿐만 아니라 생활의 풍요로움, 즉 웰빙 측면에서도 큰 차이가 발생할 수 있습니다. 따라서 인간과 AI가 어떻게 상호작용하는지, 그 상호작용에서 어떤 요인이 중요한 역할을 하는지 파악하는 연구는 매우 중요합니다. 이러한 연구를 바탕으로 학습자들의 인공지능과의 협업 능력을 향상하는 수업 모형을 개발하고자 노력하고 있습니다.

2) 혁신과 공존에 대하여

> 혁신과 공존이라는 단어에 대해서 교수님께서 어떻게 생각을 하고
> 계신지 인사이트를 얻고 싶습니다.

혁신과 공존은 동전의 양면과 같아
요. 다시 말해, 공존하려면 혁신이 필요하고, 혁신을 이루기 위해선 공
존이 중요합니다. 이 두 가지 개념을 합치면 '공진화'라는 말이 나오는
데, 이것이 우리가 더 주목하고 연구해야 하는 주제라고 느껴집니다.

특히 저의 관심사인 연구 영역, 그것은 바로 '인공지능과 교육의 공
진화'입니다. 인공지능은 그 발전 속도와 상관없이 우리 사회에 영향을
끼치고, 그 영향은 교육에도 파급되죠. 사회와 기술의 변화에 따라 교
육도 변화를 거듭해야 합니다. 이 과정에서 교육의 변화는 인공지능을
이해하고, 제대로 활용하는 능력을 키우는 역할을 합니다. 그러므로,
인공지능의 출현은 단순히 기술적인 시각에서만 접근하는 것이 아니
라 교육적인 측면에서도 생각해야 합니다.

또한, 인공지능의 발전과 공존을 위해서는 개발자들이 인류의 가치
와 이해를 공유하는 것이 중요하다고 생각해요. 이를 통해 우리 사회
가 바람직한 방향으로 발전할 수 있을 것입니다. 그런데 이 모든 과정
에서 인공지능과 교육의 공진화는 다양한 갈등을 동반하게 됩니다. 인
공지능이 인류를 위협하거나, 일자리를 줄이거나, 사람들을 대체하는
등의 부정적인 영향을 끼칠 가능성이 있습니다.

반대로, 인공지능이 사회 발전에 긍정적인 영향을 미치는 가능성도
있습니다. 하지만 이것이 모든 사람에게 똑같이 혜택을 줄 것이라는
보장은 없습니다. 인공지능을 통해 삶의 질이 향상되는 사람들이 있지

만, 일자리를 잃어버리는 사람들도 있을 것입니다. 이로 인해 사회적 격차가 악화되는 문제도 무시할 수 없습니다.

그래서 공진화의 방향성이나 갈등의 해결을 위해 인공지능의 발전과 교육의 변화, 그리고 사회 발전이 동시에 이루어져야 한다는 생각이 들어요. 이를 위해 교육 연구자들이 이러한 흐름을 주시하고 복합적인 연구를 진행하는 것이 중요하다고 봅니다.

인공지능이 교육에 어떤 영향을 미칠지, 그리고 교육이 어떻게 인공지능과 공존할 수 있을지에 대한 이슈는 핵심적인 과제입니다. 인공지능이 교사의 역할 일부를 대체할 수는 있지만, 아직은 교사가 수행하는 모든 역할을 대체하지 못합니다. 그럼에도 인공지능이 교육에 미치는 영향을 무시하거나 거부할 수 없습니다. 결국, 교육이 어떻게 인공지능과 함께 바람직하게 발전하고 공진화를 이룰 것인가에 대한 이슈는 더욱 중요해집니다.

> **'혁신과 공존'을 더 깊게 이해하는 데에 도움이 되는 책이나 논문을 추천해주실 수 있으실까요?**

첫 번째로, 『How People Learn』이라는 책을 소개하고 싶습니다. 이 책은 심리학, 뇌 과학, 사회문화적인 측면 등에서 다각도로 학습을 이해할 수 있도록 합니다. 이 책은 학습을 매우 융합적으로 설명하며, 이해하기 쉽게 서술하고 있습니다. 이 책은 공진화를 위해서는 자신이 속한 전공의 지식에 더하여 다른 학문과 융합할 수 있는 지식도 갖추고 있어야 함을 일깨워주는 만큼, 학습과학을 공부하는 학부생이나 대학원생들에게 추천하고 싶습니다.

두 번째 책은 제 지도교수님이셨던 데이비드 조나센 교수님이 쓴

『Learning to Solve Problems』입니다. 이 책의 핵심은 우리가 해결하려는 문제들이 모두 다르며, 각각의 문제는 서로 다른 방법으로 해결할 수 있다는 것입니다. 일상에서나 학교에서 접하는 문제들이 서로 다르며, 많은 사람은 학교 교육이 실생활에서 어떻게 적용되는지에 대해 의문을 제기합니다. 그러나 학교에서 접하는 문제와 일상에서 접하는 문제의 성격은 너무 다르죠. 학교에서 접하는 문제들은 대체로 정답이 명확하지만, 실생활에서 마주하는 문제들은 정답이 명확하지 않습니다. 즉, 접근 방식도 달라야 합니다. 이처럼 진로선택, 정책 결정, 디자인 문제 등 복잡한 문제를 어떻게 풀어나갈지 이해하는 데 도움이 되는 책입니다.

세 번째로 추천하는 책은 미첼 레스닉 교수님의 『평생 유치원』입니다. 미첼 레스닉 교수님은 스크래치라는 도구를 개발하신 분으로, 이 책에서는 학생들이 마치 유치원에서처럼 놀이를 통해 창의성을 발달시키는 방법을 제시하고 있습니다. 유치원생들처럼 놀이하며 배워야 창의적인 사고가 발달할 수 있다는 주장이 이 책의 핵심입니다. 우리나라의 창의교육에 있어서 가장 중요한 것은 창의적인 사고를 가능하게 하는 문화를 만드는 것이라고 생각합니다. 창의적인 사고를 촉진하는 방향으로의 교육 혁신을 추구하는 사람들에게 꼭 이 책을 추천하고 싶습니다.

조영환 교수

3) 마무리

| 학자가 되고 싶은 사람들에게 어떤 조언을 해주고 싶으신가요?

첫 번째, 포기하지 마십시오. 대학원 생활은 본질적으로 어려울 수 있습니다. 때로는 여러 번의 시도 끝에 실패하게 되면 포기할 수도 있습니다. 물론, 노력하지 않는 것은 절대 바람직하지 않습니다. 하지만 여러 번의 시도 끝에 성공하지 못하더라도 괜찮습니다. 학부 시절의 공부와 대학원에서의 공부는 다르니까요.

학부 때에는 잘 정리된 지식을 이해하는 능력이 요구되었지만, 대학원에서는 연구자로서의 역량이 필요합니다. 즉, 다른 사람이 만든 지식을 받아들이는 것이 아니라, 자신이 새로운 지식을 창출해야 합니다. 새로운 지식을 만들어내는 과정에서는 실패가 불가피하며, 그 실패를 극복했을 때의 기쁨은 훨씬 더 큽니다. 따라서 실패를 이유로 포기하지 마시고, 대신 전략적으로 대응하십시오.

두 번째로, 연구 공동체에 적극적으로 참여해야 합니다. 연구자로 성장하는 과정은 혼자서 책을 읽고 공부하는 것이 아닙니다. 연구 공동체에 참여하고, 그곳에서 중요한 가치와 지식을 배우며, 그 일원이 되는 과정입니다. 이를 위해 연구실 세미나, 학술대회 발표 등을 통해 자신의 지식을 공유하고 피드백을 주고받는 것이 중요합니다.

마지막으로, 창의적이고 사회에 영향력 있는 연구를 추구해야 합니다. 새로운 지식을 창출하고, 그것이 교육을 바꿀 수 있는 연구를 하면 좋습니다. 이를 위해서는 교육에 대한 이해가 필요하며, 이는 학습 이론과 교육 현장에서의 경험을 통해 얻어야 합니다. 또한, 신뢰할 수 있는 지식을 만들어내는 연구 방법을 알아야 하며, 테크놀로지를 잘 이해하고 활용해야 합니다.

　여러분이 원하는 가치와 지식을 내재시키는 테크놀로지를 개발할 수 있는 능력이 필요합니다. 인공지능이 학생의 고차적 사고와 협력을 돕는 시스템을 만들기 위해선, 그 시스템을 만드는 방법에 대한 이해가 필요합니다. 이처럼 교육에 대한 이해, 연구 방법, 테크놀로지에 대한 이해가 있다면 교육공학 분야에서 창의적인 연구를 하고 사회에 영향을 끼칠 수 있을 것입니다.

KEVIN KESTER

현재 서울대학교 교육학과 교육사회
학/비교교육학 부교수이며, 국제 비교
교육학, 교육사회학, 평화 및 개발 교
육, 질적 연구 방법론에 관심을 가지
고 있다.

Kevin Kester
교수

Educational research
for peace and conflict
transformation

1) Life as a Scholar / 학자로서의 삶에 대하여

> What is your identity as a scholar? (교수님의 학자로서의 정체성
> 이 궁금합니다.)

Born and raised in the Eastern
United States, I completed all my primary, secondary, and tertiary
education in the US before moving abroad for international work
and graduate studies, first to Japan (where I worked for the Japanese
Exchange and Teaching Program) and then to Costa Rica, Canada,
the UK (where I studied for my MA degrees and PhD), and finally to
Korea (where I have been working in higher education off and on since
2007). My first university job was in the US (teaching high school
students through a collaborative university summer school program for
gifted students with Johns Hopkins University, Northwestern University,
and the University of California, Berkeley). While completing my PhD
and postdoc in the UK, I also taught undergraduate students
in the field of Education Studies at Cambridge University.
Throughout all of this, I have additionally been a consultant with
UNESCO. As this brief introduction indicates, my background
in the field of education is international and transcultural
in orientation. As such, I position myself as a scholar and
practitioner of comparative and international education with an
interest in the sociology and politics of education. I am known
for my work in the fields of peace education, global citizenship

education, higher education in conflict zones, and decolonizing education.

저는 미국 동부에서 태어나 초등, 중등, 그리고 대학 교육을 마친 후 국제 업무와 대학원 공부를 위해 해외로 나왔습니다. 일본의 'Japanese Exchange and Teaching Program'에서 근무한 후 코스타리카, 캐나다를 거쳐 영국에서 석사와 박사를 받았습니다. 2007년부터는 한국에서 대학 교육에 힘쓰고 있습니다. 대학에서 첫 번째 했던 일은 존스홉킨스 대학교, 노스웨스턴 대학교, UC 버클리가 협력해 영재학생을 대상으로 하는 여름학교 프로그램에서 고등학생들을 가르쳤던 것입니다. 영국에서 박사 과정과 박사 후 연구원을 하면서 케임브리지 대학교에서 교육학 전공 학부생들에게도 강의를 했습니다. 동시에 유네스코 컨설턴트로도 활동했습니다. 제가 교육을 연구해왔던 국제적이고 다문화적인 배경을 바탕으로, 학자로서의 저는 '비교 및 국제교육'을 전공하고 있고, 또 실무자로서 교육사회학과 정치학에 관심을 가지고 있습니다. 평화교육, 세계시민교육, 분쟁 지역에서의 대학교육, 그리고 탈식민교육 분야에서의 연구를 주로 해왔습니다.

What are your primary research topics and the reasons for choosing them? (교수님의 주 연구 주제는 무엇인가요? 그 연구 주제를 선택하신 이유가 궁금합니다.)

My primary research is in the broad area of Education, Conflict and Peacebuilding. This area involves scholarship and practice aimed at achieving three simultaneous objectives. The first objective is to cultivate peaceful societies and cooperative international affairs through the teaching and learning of knowledge, values, and skills for the nonviolent resolution of conflict. This learning primarily takes place in the classroom. The second goal is to nurture systemic approaches to education policy, university governance, curriculum, pedagogy, assessment, civic engagement, and an overall campus climate that promotes equity, justice, conflict— sensitivity, and nonviolence. This practice takes place across the university, the broader field of higher education, and at the level of policy. The third objective is to examine the intersections of education with culture, politics, and economics more broadly, and the role of each in supporting peace or conflict. Specifically, I ask three key questions in this research and in my teaching:

1) How does conflict affect educational access and provision?

Here, I examine the barriers to education in conflict—affected contexts, including war, armed violence, depleted resources, gender and ethnic inequities, poverty, and various forms of discrimination.

2) In what ways does education exacerbate or mitigate conflict?

Here, I focus on how intolerant curriculum, pedagogy, and educational policies serve to expand or contract conflict, including historical narratives of a superior ethnic/religious group, victim/perpetrator orientations, assimilationist policies,

서울대 교육학과 교수와 혁신과 공존 교육을 이야기하다

epistemological erasures, authoritarian pedagogies, and gestures of exclusion.

3) What are some possible transformative responses to conflict and peace in and through education?

This area investigates the onto−epistemic, curricular, pedagogical, methodological, scholarly, and policy responses that have transformative potential for fostering peaceful, nonviolent, and just societies. Here, I map new possibilities for peace through education.

In addition to this subject area, I am also interested in qualitative and decolonial research methodologies, in particular (auto)ethnography, case study, and narrative inquiry, the methods that I employ in my qualitative research. I chose this cognate area and methodological approach for two reasons: first, because this is an area that matters to each of us - often in very personal ways - as we seek to foster peace in our daily affairs; and education is the most promising avenue through which to cultivate sustainable peacebuilding at all levels of society. Further, qualitative and decolonial methodologies ensure that the relational means of the research match the objectives. Second, this research area matters because what people are taught, how they are taught, and how education systems are organized can make people and countries more or less prone to violence. Policy and practice in areas ranging from curriculum development to pedagogy to language of instruction all have a bearing on conflict prevention and the prospects for a lasting peace. Indeed, there can hardly be a more important topic than the teaching and learning of peace in contemporary society.

제 연구의 주요 주제는 교육, 갈등, 그리고 평화 구축에 관한 것입니다. 학문적 연구와 실무를 통해 세 가지 목표를 동시에 달성하고자 합니다. 첫 번째 목표는 갈등의 비폭력적 해결 방법에 대한 지식, 가치, 기술을 교육하고 학습함으로써 평화로운 사회와 협력적인 국제관계를 구축하는 것입니다. 이 분야는 주로 학교 현장에서 이루어지죠. 두 번째 목표는 교육 정책, 대학 운영, 교육 과정, 교수법, 평가 방법, 시민 참여, 그리고 평등, 정의, 갈등에 대한 민감도, 비폭력을 촉진하는 전반적인 캠퍼스 문화와 같은 분야에서 체계적인 접근을 촉진하는 것입니다. 이 실천은 대학, 보다 넓은 고등교육 분야, 그리고 정책 수준에서 이루어집니다. 세 번째 목표는 교육이 문화, 정치, 경제와 어떻게 교차하는지, 그리고 각 요소가 평화나 갈등을 어떻게 지원하는지를 조사하는 것입니다. 구체적으로, 저는 연구와 강의에서 다음과 같은 세 가지 핵심 질문을 다룹니다.

1) 갈등이 교육 접근성과 제공에 어떤 영향을 미치는가?

전쟁, 무장된 폭력, 자원의 고갈, 성별 및 인종적 불평등, 빈곤, 그리고 여러 형태의 차별 등 갈등이 심각한 상황에서 교육을 막는 장애물에 대해 연구합니다.

2) 교육이 갈등을 어떻게 악화시키거나 완화시키는가?

편협하거나 포용적인 교육 과정, 교수법, 교육 정책이 어떻게 갈등

서울대 교육학과 교수와 혁신과 공존 교육을 이야기하다

을 확대하거나 축소하는지에 초점을 맞춥니다. 이는 우월한 민족/종교 그룹의 역사적 내러티브, 피해자/가해자 관점, 동화 정책, 인식론적 소거, 권위주의적 교수법, 배제적 태도 등을 포함합니다.

3) 교육을 통해 갈등과 평화에 대해 변혁적으로 대응할 수 있는 방법은 무엇인가?

평화롭고, 비폭력적이며, 정의로운 사회를 조성하기 위한 변혁적 가능성을 가진 존재론적 인식론(onto-epistemic), 교육과정, 교수법, 방법론, 학문적, 정책적 대응을 탐구합니다. 이를 통해 교육을 통한 평화의 새로운 가능성을 모색합니다.

이 분야뿐만 아니라, 저는 특히 자기민족지, 사례연구, 내러티브 탐구와 같은 질적 연구 방법론과 탈식민주의 연구 방법론에도 관심이 많습니다. 이는 제가 질적 연구에서 주로 사용하는 방법입니다. 이 연구 분야와 방법론적 접근을 선택한 이유는 두 가지입니다. 첫째, 이 분야는 우리 모두가 일상에서 평화를 증진하려고 할 때 개인적으로 매우 중요한 분야이며, 교육은 사회 모든 수준에서 지속가능한 평화 구축을 돕는 가장 유망한 수단입니다. 둘째, 사람들이 무엇을 배우는지, 어떻게 가르치는지, 교육 시스템이 어떻게 조직되는지는 사람들과 국가가 폭력에 더 적게 또는 더 많이 노출될 수 있는지에 큰 영향을 미칩니다. 교육과정 개발부터 교수법, 지도 언어에 이르기까지 다양한 분야의 정책과 실천은 갈등 예방과 지속 가능한 평화의 전망에 중요한 영향을 미칩니다. 현대 사회에서 평화의 교육과 학습은 정말 중요한 주제입니다.

What is the research that you hold most dearly, and why? (교수 님께서 가장 소중하게 생각하시는 연구는 무엇이며 그 이유는 무엇 인가요?)

Among the research that I cherish the most is my 2017 paper on post—structural violence. This is a philosophical and pedagogical work drawing on my personal reflections as a practitioner in the field of peace education. What I cherish about it is the way that the philosophical inquiry intersects with my empirical reflections as a practitioner.

In the paper, I develop the concept of 'post—structural violence', a new concept for the field of peace education, to name ways in which educators and peace practitioners become implicated in the (re)production of certain forms of violence and injustice through their work. In particular, the concept critiques taken—for—granted norms in the field, and questions how these norms may be exclusive, disempowering, and productive of various forms of direct, cultural, and structural harm. In response, I offer 'second—order reflexivity' as a critical means through which to attempt to mitigate and transcend this problématique. These two concepts are now used by many other scholars and practitioners in the fields of education and peace studies. For example, in a 2023 edited volume from Routledge, titled 『Innovations in Peace and Education Praxis: Transdisciplinary Reflections and Insights』, 25 scholars from the around the world employ the concepts of post-structural violence and second-order reflexivity to critically examine peace and education praxis in their contexts.

In addition to the 2017 paper, I am also proud of the various dialogical papers I've written with colleagues in the past decade in the vein of Paulo Freire's method of spoken books (e.g., We Make the Road by Walking). All in all, I see research as a collective, collaborative, creative, democratic, and ethical process, and this is what my students and I aim to practice in the Education, Conflict and Peace Lab.

저에게 가장 소중한 연구 중 하나는 2017년에 집필한 후기 구조주의적 폭력(Post-Structural Violence)에 관한 논문입니다. 이 논문은 평화교육 분야의 실천가로서의 제 개인적 성찰을 바탕으로 한 철학적이고 교육학적인 작업입니다. 저는 평화교육 분야에 새로운 개념인 '후기 구조주의적 폭력'을 개발했습니다. 이는 교육자와 평화 실천가들이 특정 형태의 폭력과 불의를 (재)생산하는 데 어떻게 연루되는지를 명명하는 개념입니다. 특히, 이 개념은 분야에서 당연하게 여겨지는 규범들을 비판하고, 이러한 규범들이 어떻게 배타적이며, 권한을 앗아가고, 직접적, 문화적, 구조적 폐해를 생산하는지에 대해 질문합니다. 이에 대응하여, 저는 이 문제를 완화하고 초월하려는 비판적 수단으로서 '2차적 성찰성'을 제안합니다. 이 두 개념은 이제 교육과 평화 연구 분야의 많은 다른 학자들과 실천가들에 의해 사용되고 있습니다. 예를 들어, 2023년에 라우틀리지에서 출판된 『Innovations in Peace and Education Praxis: Transdisciplinary Reflections and Insights』라는 제목의 책에서 전 세계의 25명의 학자들이 후기 구조주의적 폭력과 2차적 성찰성의 개념을 사용하여 그들의 맥락에서 평화와 교육 실천을 비판적으로 검토합니다.

2017년 논문 외에도, 지난 십 년간 파울로 프레이리의 구술된 책 (예: We Make the Road by Walking) 방식을 따른 동료들과 함께 작성한 여러 대화형 논문들에 대해서도 자랑스럽게 생각합니다. 연구를 집단적이고, 협력적이며, 창의적이고, 민주적이며, 윤리적인 과정으로 보고, 이것이 바로 저와 제 학생들이 교육, 갈등 및 평화 연구실에서 실천하고자 하는 것입니다.

> **Would you be willing to introduce your primary research field along with any recent areas of interest? (교수님의 주된 연구 분야와 함께 최근 관심 가지고 계시는 연구 분야에 대해 소개 부탁드립니다.)**

In addition to the research areas presented above, there are several new strands of inquiry that have emerged from my work in recent years. One of those new strands is "East Asian Education." For example, in 2023, I edited a Special Issue on "'Revisiting 'Asia as Method' in Education Research: Toward Ontologies and Epistemologies of Difference" for Asia Pacific Education Review. The Special Issue includes 9 papers that employ Kuan–Hsing Chen's (2010) notion of 'Asia as Method' to rethink higher education research and practice through an Asian decolonial lens. All in all, the issue contributes to the global debate on the decolonization of higher education, but from the lesser–known standpoint of East Asian theory. Surprisingly – and quite unexpectedly – immediately after the publication of the Special Issue, I was asked to co−edit (with Wing−On Lee and Jeongmin Eom) a new Handbook on Education in East Asia for Elgar Publishing. That Handbook is currently in progress. Thus, I suspect that this new strand of East Asian education research will continue in my work for the next several years.

A second emerging area is research into "English medium instruction" (EMI). This involves research on the teaching of disciplinary content through the English language in contexts where English is not the primary language of the students. This pedagogical environment introduces many new constraints and affordances that are quite different from classrooms where students study in their first language. As an emerging field of theory and practice within Korea and internationally, EMI interests me both theoretically and pedagogically. Currently, I am completing a paper in this regard reflecting on my experiences teaching content through EMI in Korean universities. Hence, I expect that these two emerging areas - East Asian education and EMI - will play a role in my research for a few years.

위에서 소개한 연구 영역 외에도, 최근 몇 년간 제 작업에서 새로운 연구 분야를 다루었습니다. 그 중 하나는 "동아시아 교육"입니다. 예를 들어, 2023년에 저는 "교육 연구에서 '방법론으로서의 아시아' 재발견: 차이의 존재론과 인식론으로"라는 특별호를 Asia Pacific Education Review를 통해 발간했습니다. 이 특별호는 Chen(2010)의 '방법론으로서의 아시아' 개념을 사용하여 아시아 탈식민주의 관점을 통해 고등 교육 연구와 실천을 재고하는 9편의 논문을 포함하고 있습니다. 전반적으로, 이 특별호는 고등 교육의 탈식민화에 대한 전 세계적인 토론에 기여하지만, 동아시아 이론의 상대적으로 덜 알려진 관점에서 기여합니다. 놀랍게도, 그리고 예상하지 못했던 일인데 특별호 발행 직후, 저는 엘가 출판사의 『새로운 동아시아에서의 교육 핸드북』을 공동 편집할 것을 요청받았습니다. 그 핸드북은 현재 작업 중입니다. 따라서 저는 앞으로 몇 년간 동아시아 교육 연구라는 새로운 분야가 제 작업에서 계속될 것이라고 예상합니다.

두 번째로 떠오르는 연구 영역은 "영어 매개 교육"(EMI)에 대한 연구입니다. 이는 영어가 학생들의 주된 언어가 아닌 상황에서 영어를 통해 학문 내용을 가르치는 연구를 포함합니다. 이 교육 환경은 학생들이 모국어로 공부하는 교실과는 매우 다른 새로운 제약과 가능성을 도입합니다. 한국 및 국제적으로 이론과 실천의 떠오르는 분야로서, EMI는 이론적으로나 교육학적으로나 저에게 의미가 있습니다. 현재, 저는 한국 대학에서 EMI를 통해 내용을 가르치는 경험에 대한 성찰을 담은 논문을 완성하고 있습니다. 따라서, 향후 몇 년간 이 두 새로운 영역—동아시아 교육과 EMI—에 대해 연구할 것입니다.

2) Innovation and Coexistence / 혁신과 공존에 대하여

> What are your thoughts on the words "innovation and coexistence"? (혁신과 공존이라는 단어에 대해서 교수님께서 어떻게 생각하고 계신지 인사이트를 얻고 싶습니다.)

From the standpoint of BK21, these keywords are important nodes representing the intersections of the original and impactful research that faculty and students in the Department of Education are engaged. Yet, these are also words fraught with varied meanings. On the surface, innovation and coexistence ring as crucial and nascent concepts. Innovation suggests novelty and creative problem—solving; and coexistence suggests living together in diversity, peace, and justice. But the same concepts can also be read critically. For example, one may read innovation and coexistence as hollow neoliberal jargon, or as the promotion of superficial forms of tolerance that do little to disrupt injustice. We must remember that innovation and pushing boundaries is not simply about looking forward, it requires having a deep understanding of the past; and the study of coexistence fundamentally involves examination of conflict and injustice. Hence, as with all concepts, we should look critically at the multiple meanings and possibilities these ideas evoke. In sum, these are important yet complex words.

Kevin Kester 교수

BK21의 관점에서 볼 때, 이 키워드들은 교육학과의 교수진과 학생들이 참여하고 있는 원래의 그리고 영향력 있는 연구들의 교차점을 대표하는 중요한 지점들입니다. 그러나 이 단어들은 또한 다양한 의미를 내포하고 있습니다. 표면적으로, 혁신과 공존은 중요하고 새로운 개념으로 들립니다. 혁신은 새로움과 창의적 문제 해결을 제안하며, 공존은 다양성, 평화, 그리고 정의 속에서 함께 살아가는 것을 제안합니다. 그러나 이 개념들은 비판적으로 해석될 수도 있습니다. 예를 들어, 누군가는 혁신과 공존을 내용이 없는 신자유주의 용어, 혹은 불의를 타파하는 데 별 도움이 되지 않는 표면적인 관용으로 해석할 수 있습니다. 혁신과 경계를 넓히는 것은 단순히 앞을 내다보는 것만이 아니라, 과거에 대한 깊은 이해가 필요하다는 것을 기억해야 합니다. 그리고 공존의 연구는 근본적으로 갈등과 불의의 검토를 포함합니다. 따라서 모든 개념과 마찬가지로, 우리는 이러한 아이디어가 내포하는 다양한 의미와 가능성을 비판적으로 바라볼 필요가 있습니다. 요약하자면, 이들은 중요하지만 복잡한 단어들입니다.

Could you recommend any books or papers that would help deepen understanding of "innovation and coexistence"? ('혁신과 공존'을 더 깊게 이해하는 데에 도움이 되는 책이나 논문을 추천해주실 수 있으실까요?)

These are a few excellent books from the area of Education, Conflict and Peacebuilding that deal with the question of coexistence. I encourage readers to thoughtfully engage with these works to help deepen their

서울대 교육학과 교수와 혁신과 공존 교육을 이야기하다

understanding of innovation and coexistence in the area of education for peace and conflict transformation.

다음은 공존의 문제를 다루는 교육, 갈등 및 평화 구축 분야에서 우수한 몇 권의 책입니다.

- Zvi Bekerman and Michalinos Zembylas (2011). Teaching Contested Narratives: Identity, Memory, and Reconciliation in Peace Education and Beyond. Cambridge University Press.
- Elisabeth King (2013). From Classrooms to Conflict in Rwanda. Cambridge University Press.
- Dana Burde (2014). Schools for Conflict or for Peace in Afghanistan. Columbia University Press.
- Hilary Cremin and Terrence Bevington (2017). Positive Peace in Schools: Tackling Conflict and Creating a Culture of Peace in the Classroom. Routledge.
- Tejendra Pherali (2022). Conflict, Education and Peace in Nepal: Rebuilding Education for Peace and Development. Bloomsbury.

3) Closing / 마무리

> What advice would you like to offer to those aspiring to become scholars? (학자가 되고 싶은 사람들에게 어떤 조언을 해주고 싶으신가요?)

Do good work. It's that simple. Don't over—complicate it.

But you may ask, "what is good work?"

Good work is original (it offers something new to the field); it's rigorous (it applies appropriate state—of—the—art methodologies to study the issue); it's significant (it offers something useful to the end—user).

You may also ask, "how do I do good work?" Here are 16 friendly suggestions:

1. Begin early and plan ahead.
2. Follow directions closely.
3. Identify the topic of your research as soon as possible.
4. Avoid changing the topic, as much as possible. This delays the development of expertise.
5. Ask for advice. But ensure that those for whom advice is asked are knowledgeable in the subject area.
6. Create uninterrupted time to read and think.
7. Write often - everyday if possible.
8. Take ownership of your work.

서울대 교육학과 교수와 혁신과 공존 교육을 이야기하다

9. Learn to gracefully defend your ideas (i.e., justify theoretical and methodological decisions) without becoming defensive.

10. Keep an open mind (and grow 'thick skin') when receiving critical feedback. Constructive critical feedback improves your work.

11. Present often at domestic and international conferences to gain diverse perspectives, and practice presenting ideas clearly and succinctly.

12. Revise your work based on critical and constructive feedback received.

13. Spend time building positive relationships with your peers, advisor, committee members, and other scholars in the field.

14. Avoid distractions, and the temptation to follow every idea or opportunity you receive.

15. Celebrate when you reach important milestones – the process should be meaningful and rewarding.

16. Write, with purpose. Revise. And write some more.

'좋은 연구'를 하세요. 간단하죠. 복잡하게 생각하지 마세요.
"'좋은 연구'란 무엇인가?"라고 묻는다면,

좋은 연구는 독창적이고, 엄격하고, 중요한 의미를 내포합니다. 즉, 분야에 새로운 것을 제공하고, 문제를 연구하기 위해 적절한 최신 방법론을 적용하고, 독자들에게 유용한 것을 제공한다는 것입니다.

"어떻게 좋은 연구를 하나요?"라고 묻는다면, 제 16가지 제안을 참고해주세요.

1. 일찍 시작하고 미리 계획하세요.

2. 지시사항을 면밀히 따르세요.

3. 가능한 한 빨리 연구 주제를 정하세요.

4. 가능한 한 주제를 변경하지 마세요. 전문성을 기르는 데 방해가 됩니다.

5. 조언을 구하세요. 하지만 조언을 구하는 사람들이 주제 영역에 지식이 있는지 확인하세요.

6. 읽고 생각할 시간을 만드세요.

7. 가능하면 매일 자주 쓰세요.

8. 자신의 작업에 주인의식을 가져주세요.

9. 방어적이지 않으면서 우아하게 자신의 아이디어를 방어하는 방법을 배우세요(즉, 이론적 및 방법론적 결정을 정당화하세요).

10. 비판적 피드백을 받을 때 열린 마음을 유지하세요(그리고 비판에도 당당하세요). 건설적인 비판적 피드백은 당신의 작업을 개선합니다.

11. 다양한 관점을 얻고 아이디어를 명확하고 간결하게 제시하는 연습을 하기 위해 국내외 학회에서 자주 발표하세요.

12. 비판적이고 건설적으로 받은 피드백을 바탕으로 작업을 수정하세요.

13. 동료, 지도교수, 위원회 멤버, 그리고 분야의 다른 학자들과 긍정적인 관계를 구축하는 데 시간을 할애하세요.

14. 산만함 및 끝없이 떠오르는 생각, 기회를 따라가려는 유혹을 피하세요.

서울대 교육학과 교수와 혁신과 공존 교육을 이야기하다

15. 중요한 목표에 도달했을 때 축하하세요. 과정은 의미 있고 보상
    적이 동반되어야 합니다.
16. 목적을 가지고 쓰세요. 글을 수정하고, 더 써내려가세요.

서울대학교 교육학과 혁신과 공존의 교육연구사업단 참여교수진

김 동 일 (단장)
유 성 상 (부단장)
곽 덕 주
김 용 남
김 창 대
박 현 정
백 순 근
소 경 희
신 윤 정
신 정 철
신 종 호
엄 문 영
이 선 영
임 철 일
정 동 욱
조 영 환
Kevin Kester

서울대 교육학과 교수와
혁신과 공존 교육을 이야기하다

초판발행	2025년 3월 4일
엮은이	서울대학교 교육학과 혁신과 공존의 교육연구사업단
펴낸이	노 현
편 집	배근하
기획/마케팅	이선경
표지디자인	이영경
제 작	고철민·김원표
펴낸곳	㈜피와이메이트
	서울특별시 금천구 가산디지털2로 53, 210호(가산동, 한라시그마밸리)
	등록 2014.2.12. 제2018-000080호
전 화	02)733-6771
f a x	02)736-4818
e-mail	pys@pybook.co.kr
homepage	www.pybook.co.kr
ISBN	979-11-7279-007-3 93370

copyright©서울대학교 교육학과 혁신과 공존의 교육연구사업단, 2025, Printed in Korea

정 가   19,000원

박영스토리는 박영사와 함께하는 브랜드입니다.